이만큼
가까운

⋙

미국

이만큼 가까운

미국

김봉중 지음

창비

지구가 갈수록 작아지고 있습니다. 당연히 지구의 크기는 예나 지금이나 그대로지만 멀게만 느껴지던 이국 땅이 갈수록 가깝게 느껴집니다. 흔히 말하는 지구화 시대, 세계화 시대입니다. 이런 흐름은 앞으로 더욱 빠르게 진행될 것이고, 인류사에 유례가 없이 사람들은 서로 가까이 오가며 지내게 될 것입니다. 그 과정에서 문화도 섞이게 되겠지요.

흔히 이런 지구화 시대에는 외국어를 할 수 있는 능력이 중요하다고 말하지만, 외국어보다 중요한 것이 다문화 감수성입니다. 문화의 소통이 빠진 언어의 소통은 진정한 소통이 아닙니다. 자기 문화를 기준으로 다른 문화를 바라보거나 오해와 편견으로 평가하지 않는 것, 다른 문화를 다른 그대로 이해하고 존중하는 것은 다문화 감수성의 출발이자 진정한 문화적 소통의 길입니다.

다문화 감수성은 해외여행을 자주 하거나 세계를 무대로 활동할 사람에게나 필요한 것이라고 생각할지 모르겠습니다. 다문화 감수성은 우리가 세계인으로 살아가는 데 필요한 문화적 여권이기도 하지만, 세계화 시대에 한국인으로 살기 위해 필요한 문화적 주민 등록증이기도 합니다.

앞으로 많은 외국인이 들어와서 우리나라 국민이 될 것이고, 그런 가운데 한국은 과거에는 상상도 못 했을 정도로 빠르게 다인종·다문화 사회로 바뀌게 될 것입니다. 우리는 한국인이자 세계인이라는 다층의 정체성을 갖고서, 내 나라만이 아니라 이 지구를 더 평화롭고 자유롭고 정의로운 곳으로 만들어 가야 합니다. 인종과 종교, 역사와 체제가 다르더라도 서로 존중하면서, 차별하거나 억압하지 않는 아름다운 곳으로 만들어 가야 합니다.

창비가 세계화 시대를 살아갈 동시대의 사람들, 그리고 특히 미래 세대를 위해 이 시리즈를 만든 뜻이 여기에 있습니다. 오랫동안 세계 각국의 정치, 역사, 문화, 문학 등을 연구해 온, 우리나라를 대표하는 저명 학자들이 이 시리즈 집필에 기꺼이 동참한 것도 많은 이들이 그러한 꿈을 꿀 수 있도록 응원하기 위해서입니다.

이 시리즈에는 역사와 정치, 경제부터 문화와 생활에 이르기까지 한 국가와 사람을 이해하는 데 가장 핵심적인 내용을 담았습니다. 세계 각국을 다룬 다른 책과 차별되는 깊이를 추구하면서도 다양한 독자층이 이해하기 쉽도록 눈높이를 맞추었습니다. 이 시리즈가 세계와 더 넓고 깊게 소통하기 위한 의미 있는 디딤돌이 되기를 기대합니다.

저자 일동

　　　　우리에게 가장 '멀고도 가까운 나라'는 어디일까요? 지리적으로는 우리와 멀리 떨어져 있지만 체감하기에는 그렇게 멀지 않고, 일상생활에서도 그 영향력을 쉽게 느낄 수 있는 나라, 바로 미국입니다. 한국에서 미국 로스앤젤레스에 가려면 10시간 넘게 비행기를 타야 하고, 미국에서 가장 유명한 도시인 뉴욕에 가려면 그보다도 몇 시간은 더 걸립니다. 거리상으로는 이렇게 먼 나라이지만 우리의 대화 속에서, 접하는 문화 속에서 미국은 마치 이웃사촌처럼 가까이 있습니다.

　그런데 미국은 '가깝고도 먼 나라'이기도 합니다. 정치, 경제, 문화 등 여러 면에서 영향을 주고받으면서도 사실 우리는 미국을 깊이 알지 못하거든요. 예컨대 뉴스나 신문에서 미국의 인종 차별 문제를 접하면 큰일이라고 생각하면서 어떻게 그러한 곳에서 흑인 대통령이 당선될 수 있었는지는 잘 알지 못합니다. 전 세계인이 가장 좋아하는 스포츠는 축구soccer라는데 왜 미국에서만은 미식축구football의 인기가 더 높은지, 여러 차례 총기 사고를 겪고도 어째서 개인의 총기 소유를 법으로 금지하지 않는지도 쉽게 이해하지 못합니다.

　우리가 미국을 제대로 알기 어려운 이유 중 하나는 미국이 '움직이고' 있기 때문입니다. 미국은 처음에 아메리카 북동부의 13개 주로 시작했지만, 이제는 무려 50개 주와 수도인 위싱턴 D.C.로 이루어진 거대한 나라가 되었습니다. 영토의 확장은 문화의 전파를 낳았고, '아메리칸드림'을 품고 '자유와 기회의 땅'을 찾아온 이민자들이 늘어나면서 미국은 다인종·다문화 국가로 성장했죠. 미국은 오늘날에도 쉬지 않고 움직이는 나라이며, 만들어진 나라라기보다는 만들어지고 있는 나라입니다.

또 다른 이유는 미국뿐 아니라 우리도 움직이고 있기 때문입니다. 예컨대 한국 전쟁을 겪은 세대와 민주화 운동이나 반미 운동을 체험한 세대, 그리고 지금의 젊은 세대가 바라보는 미국은 그 모습이 무척 다를 겁니다. 오늘날에도 한국은 정치의식에서부터 생활상에 이르기까지 하루하루가 다르게 변화하고 있는데, 역동적으로 움직이는 사람이 카메라를 들고 역시나 빠르게 움직이는 피사체를 담아내기란 쉽지 않은 일이죠.

한편으로 우리는 오랫동안 친미와 반미라는 이분법 안에 갇혀 있었습니다. 최고의 우방으로서 우리의 안보와 경제에 대들보 역할을 하는 미국과 세계 초강대국으로서 우리의 주권과 동아시아의 평화를 위협하는 미국, 둘 중에 어떤 게 미국의 얼굴일까요? 어쩌면 이러한 이분법에서 벗어날 때 진짜 미국의 얼굴을 볼 수 있지 않을까요?

어떤 이들은 '미국도 그렇다.' 혹은 '미국은 다르다.'라며 미국이라는 나라를 하나의 본보기처럼 내세우기도 합니다. 미국은 우리에게 가까운 어떤 것을 세밀히 들여다보게 하는 현미경이 되기도 하고, 멀리 떨어진 것을 볼 수 있게 하는 망원경처럼 기능하기도 하죠. 분명한 것은 오늘날 세계에서 가장 강력한 국가인 미국이 한국의 현실을 비춰 보는 좋은 거울이 될 수 있다는 점입니다.

이 책을 통해 '움직이는 미국'을 조명하고 그와 동시에 미국이라는 거울에 비춰진 '움직이는 우리'를 살펴보고자 했습니다. 지구가 갈수록 가까워지고 좁아지는 오늘날, 새로운 세대는 새로운 시각으로 세계를 보아야 합니다. 세계를 바라보는 새로운 시선을 연습하기에 전 세계의 제도, 사상, 가치관에 큰 영향을 끼치는 미국은 아주 맞춤한 대상입니다. 이 책을 읽는 분들이 미국을 통해 세계를 보고, 마침내 우리 스스로를 돌아볼 수 있게 되기를 바랍니다.

원고를 마치며 '감사'라는 단어가 가장 먼저 떠오르는군요. 감사를 뜻하는 gratitude와 은혜를 말하는 grace는 같은 어원에서 출발합니다. 책이 완성되기까지 많은 이에게 도움과 은혜를 입었습니다. 역사에서 시작해 지리, 정치, 경제, 문화, 한국과의 관계에 이르기까지 한 나라를 총망라해 다루기가 여간 어려운 일이 아닌

데, 단단한 기획과 세련된 편집 방향으로 책의 완성도를 극대화한 창비 담당자들에게 깊은 감사를 드립니다. 무엇보다도 이 책 『이만큼 가까운 미국』을 담당해서 나의 난필을 매끄럽게 정리해 주고, 부족한 부분을 채워 준 김영선 씨에게 무어라 감사해야 할지 모르겠군요.

항상 그랬듯이 이번에도 아내는 최고의 독자이자 치어리더였습니다. 집필하는 동안 청소년에서부터 나이 지긋한 어르신에 이르기까지 다양한 사람들이 이 책을 접할 것이라 생각하니 묘한 흥분과 기대감이 교차하더군요. 나의 이러한 모습을 보며 함께 기뻐하고 원고를 읽으며 따뜻한 조언과 격려를 아끼지 않았던 아내가 이 책을 손에 들면 무척 좋아할 것 같습니다. 감사합니다.

2016년 7월
김봉중

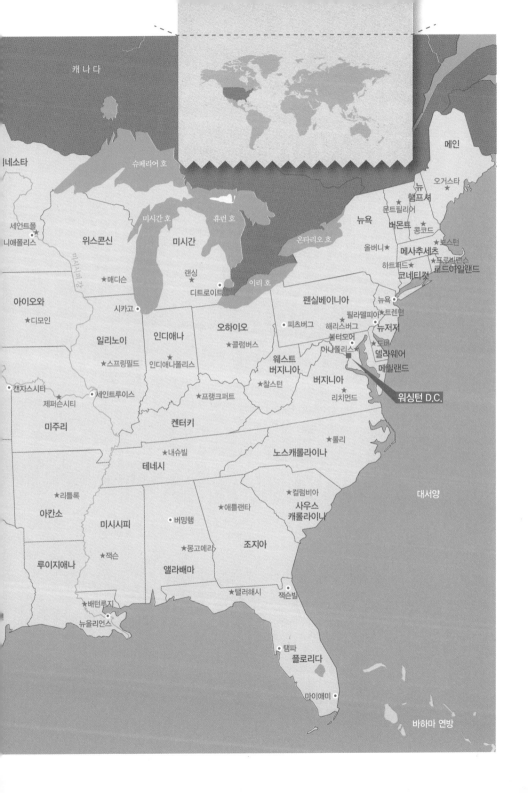

역사

01

이민자의 나라에서
세계 최강국으로

지리

02

프런티어 신화와
미국

한미 관계

05 긴장을 늦추지 않는 친구 나라

이민자의
나라에서

*01 »

세계

최강국으로

독립

영국의 품을 떠나 새로운 국가로

1776년 7월 4일 필라델피아에서는 역사적인 모임이 있었습니다. 북아메리카에 있던 영국 식민지 13곳의 대표가 모여 독립 선언문을 공포한 것입니다. 이날이 바로 미국의 독립 기념일이죠. 지금도 해마다 7월 4일이면 미국인은 화려한 불꽃놀이와 퍼레이드를 벌이며 독립을 자축합니다.

그런데 미국은 왜 영국으로부터 독립하려 했을까요? 18세기 영국은 세계에서 가장 강력한 국가였고, 세계 각지에 식민지를 구축한 대제국이었는데 말입니다. 게다가 당시 북아메리카로 건너온 영국인과 다른 유럽 이주민의 최대 관심사는 어떻게 하면

역사

독립 기념일을 맞아 미국 연방 의사당 너머로 화려한 불꽃놀이가 펼쳐지고 있다.

새로운 땅에 안전하게 정착할 수 있을까 하는 문제였습니다. 아메리카 북쪽에는 프랑스, 남쪽에는 스페인, 그리고 서쪽에는 인디언이 위세를 떨치고 있었거든요. 비록 식민지라 해도 모국인 영국에게 보호받는 것은 고맙고 다행스러운 일이 아닐 수 없었죠. 섣불리 독립했다가는 유럽 열강과 인디언의 위협에 그대로 노출될 상황이었습니다. 그럼에도 이들은 든든한 모국의 품을 버리고 독립을 선택합니다.

역사가들은 그 까닭을 두고 오랫동안 씨름했습니다. 독립 선언은 미국의 시작이자 미국의 정체성을 규정하는 중요한 문제니까요. 아, 그런데 여기서 우리가 말하는 '미국'은 지금과 같은 의미의 미국이 아닙니다. 엄밀히 따지면 '북아메리카 영국 식민지 13곳 연합'이 되겠지만, 편의상 미국이라 칭하고 그곳에 살던 이주민을 미국인이라 부르겠습니다.

새로운 기회를 찾아
아메리카로 건너온 유럽인들

　　　　미국이 독립을 결심한 배경은 크게 두 가지로 살펴볼 수 있습니다. 첫 번째는 경제적 요인입니다. 이를 이해하려면 우선 유럽인이 미국으로 건너온 까닭부터 살펴볼 필요가 있겠군요. 17세기 초만 해도 유럽인은 주로 종교의 자유를 찾아 미국에 왔습니다. 그중에 대표적인 사람들이 지금의 매사추세츠에 정착한 청교도*들입니다. 16세기 영국이 국교를 성공회로 바꾸면서 가톨릭교도와 청교도에 대한 박해가 거세지자 미국으로 건너온 겁니다. 그러나 시간이 지나면서 경제적 이유로 이주하는 사람이 점점 늘어나게 되었습니다. 일찍이 산업 혁명을 겪은 영국은 나날이 농촌이 황폐해졌고 도시도 인구가 폭증해 살기가 어려워졌습니다. 그래서 많은 사람들이 새로운 땅 미국으로 건너와 기회를 찾고자 했지요.

영국은 1607년 버지니아를 시작으로 주로 북아메리카 대륙 동부를 식민지화했는데, 18세기 중반까지는 이들 식민지에 크게 간

● 청교도는 성경에 따라 도덕적이고 경건하게 살 것을 강조한 개신교인들이다. 성공회가 국왕을 수장으로 삼고 일정 부분 로마 가톨릭의 전통을 따르자 이를 비판하면서 영국 정부와 대립이 심화됐다.

섭하지 않았습니다. 민간인이 주도해 스스로 정착한 땅이니만큼 정부가 굳이 나설 필요가 없었죠. 영국 입장에서 보면 미국은 '손 안 대고 떡 먹는' 알짜배기 식민지였던 겁니다. 미국인은 정치와 종교 체제는 물론이고 경제 활동에서도 모국의 별다른 간섭과 통제를 받지 않으며 일종의 자치 국가를 건설해 갔습니다. 독립 전쟁 전까지 대다수 미국인은 자신이 영국의 신민인 것을 자랑스러워했고, 영국은 새로운 땅에 잘 정착한 이들을 대견하게 생각했습니다.

영국과 미국 식민지 사이에 이상 기류가 나타난 것은 영국이 프랑스·인디언 연합과 벌인 전쟁을 끝낸 1763년 무렵입니다. 북아메리카 식민지를 두고 다툰 이 전쟁에서 영국은 미국 정착민의 도움을 받았고, 프랑스는 인디언과 연합했습니다. 최후 승자는 영국이었습니다. 전쟁에 승리하며 영국은 북쪽으로는 프랑스의 견제 없이, 서쪽으로는 인디언의 방해 없이 더욱 안정된 식민지를 구축할 수 있었죠. 21세의 어린 나이에 버지니아 식민지 군대를 지휘한 조지 워싱턴은 미국의 우상으로 떠오르기도 했습니다.

문제는 전후戰後에 나타납니다. 7년이나 계속된 전쟁 때문에 재정난을 겪게 된 영국 정부가 미국 식민지에 막대한 세금을 부과하기 시작했거든요. 영국에서 미국으로 수입되는 설탕이나 커피 등에 관세를 부과한 설탕세, 각종 인쇄물에 붙이는 인지에 고액의 세를 매긴 인지세 등이 대표적인 예였습니다. 그러자 이

를 부당하게 여긴 식민지인 사이에서 저항 운동이 일기 시작합니다. 1770년에는 보스턴에 주둔하던 영국 군인과 미국인 노동자가 충돌해 미국인이 5명 사망하면서 긴장이 고조됩니다. 그러다 1773년에는 '보스턴 차 사건'이 벌어지고 말죠. 여기서 차란 홍차 같은 찻잎을 가리키며, 이 사건을 영어로는 '보스턴 티 파티'Boston Tea Party라고 합니다. 영국 정부가 미국 식민지에 차를 대량으로 떠넘기려 하자 격분한 미국인이 실력 행사로 맞선 겁니다. '자유의 아들'이라는 애국 단체의 회원들이 모호크 인디언으로 분장한 뒤 부둣가에 정박 중이던 영국 선박에 숨어들었고, 거기 실려 있던 홍차를 바다에 내던져 버렸죠. 이 사건은 독립 전쟁을 일으키는 결정적 계기가 되었습니다. 오늘날에도 미국의 조세 저항 운동을 '티 파티 운동'으로 부르곤 하니 그 의미와 영향력을 짐작할 수 있겠죠? 그 후로 미국 곳곳에서 군사적 충돌까지 발생해 영국과 미국 식민지는 돌아올 수 없는 강을 건너고 맙니다.

자유가 아니면
죽음을 달라!

　　　　미국 독립의 또 다른 배경은 이념적인 것입니다. 18세기 후반 유럽에는 계몽주의가 꽃핍니다. 계몽주의자들은 인간의 존엄성과 이성에 기초한 자유와 평등을 강조했고 이를 억압하는 권력이나 제도에 대항했습니다. 유럽의 선진 문화를 동경하고 사상적 흐름에 뒤처지지 않으려 했던 미국의 지성인들도 계몽주의에 깊이 빠져들었습니다. 자유를 억압하는 어떠한 간섭도 용납하지 않을 태세였죠. 이런 분위기에서 영국 정부의 식민지 통상 규제 정책은 즉각적인 반발을 살 수밖에 없었습니다.

1765년 인지세에 대한 저항이 한창일 때 존 애덤스*는 영국 정부가 구시대의 전제주의를 부활하려 한다며 비난했습니다. 애덤스의 주장은 식민지의 많은 지식인이 공유하던 생각이었습니다. 이들의 눈에 영국의 조세 정책은 단지 식민지의 통상을 규제하는 것만이 아니라 역사의 크나큰 흐름에 역류하는 시대착오적인 획책으로 비쳤죠. 이러한 관점은 항거의 사상적 근거가 되어 주었습니다. 단순히 경제적 이해관계를 넘어 자유를 지키기 위해 의롭게 싸우는 것이라고 강조하며 저항 운동의 자부심을 고취한 겁니다. 1775년에 독립 운동가 패트릭 헨리가 독립 전쟁의 당위성을 역설하며 "자유가 아니면 죽음을 달라!"라고 외친 데에는 이러한 이념적 배경이 자리하고 있었습니다.

사람은 경제적 동물인 동시에 감정의 동물이기도 합니다. 미국 사람들은 영국 조세 정책에 대한 논리적 반박보다 횃불 시위의 강렬한 체험에 더욱 깊이 매료되었습니다. 세금 징수관의 집을 불태우는 등 무력시위가 감행되고 곳곳에서 애국 결사 단체가 생겨나면서 항거 열기는 마치 마른 들판에 불을 피운 듯 빠르게 번져 갔습니다. 이처럼 지식인의 계몽사상에 일반 시민의 뜨거운

● 매사추세츠 식민지를 대표한 '건국의 아버지들' 중 한 명. 조지 워싱턴에 이어 미국의 2대 대통령에 오른다.

미국의 정치가이자 독립 운동가인 페트릭 헨리는 영국군에 맞서는 민병대를 구성하자고 제안하며 "자유가 아니면 죽음을 달라!"라고 말했다. 이 외침은 미국 독립 전쟁의 이념적 도화선이 되었다.

'혁명적 감성'이 더해지면서 독립 전쟁으로 가는 북소리는 커져만 갔던 겁니다.

돈이냐 명예냐
둘로 나뉘지 않는 진실

그렇다면 미국의 독립에 결정적인 역할을 한 것은 경제일까요, 이념일까요? 단순히 말하면 돈이냐 명예냐인데, 이는 아주 중요한 질문입니다. 돈에 무게를 둔다면 미국의 독립은 경제적 이해관계를 둘러싼 갈등에서 비롯됐다고 정리할 수 있습니다. 이념을 선택한다면 미국의 독립이 전제주의에 항거한 명예로운 혁명이 될 테고, 미국을 넘어 세계사적인 의미를 띠게 됩니다. 실제로 독립 선언문의 핵심은 모든 사람이 평등하게 태어났고 양도할 수 없는 생명권, 자유권, 행복 추구권을 지니며 정부가 이를 지키지 못하면 국민에 의해 교체되거나 폐지될 수 있다는 내용이니, 전 인류적 가치를 담고 있지요.

그러나 미국 독립의 기원을 한 가지로만 봐서는 곤란합니다. 미국인에게 큰 영향을 끼친 영국의 계몽주의 사상가 존 로크는 "재산권을 지키는 것이 바로 자유를 지키는 일"이라고 말했습니다. 1765년 5월 버지니아 식민지 의회는 "대표자 없는 과세는 식민지 자유에 대한 위협"이라고 주장했는데, 이는 정부가 시민 혹은 시민의 뜻을 대표하는 의원의 동의 없이 함부로 재산권을 침해할 수 없다는 뜻이었죠. 그러므로 경제적 문제와 이념적 문제는 근본적으로 같은 것이며, 동일한 뿌리에서 갈라져 나온 것이라 할 수 있습니다. 이처럼 미국의 자본주의와 민주주의는 서로 절묘하게 결합해 시작되었습니다.

연방 국가의 탄생

세계 민주주의의 새로운 시험대

1775년 식민지 민병대와 영국군이 정면충돌하면서 마침내 독립 전쟁이 시작됩니다. 8년간이나 이어진 이 전쟁에서 미국은 승리를 거두지요. 그런데 13곳의 서로 다른 '국가' 체제로 살아왔던 미국인들이 어떻게 세계 최강의 군사력을 갖춘 영국을 물리칠 수 있었을까요? 그리고 어떻게 하나의 국가를 구성할 수 있었을까요?

전쟁을 위해서 일시적으로 힘을 모을 수는 있겠지만, 독립 후 하나의 연방 공화국을 만드는 것은 결코 쉽지 않은 일입니다. 그들의 다양한 정치, 종교, 경제, 문화 등을 생각하면 더욱 그렇죠.

사실 13곳 식민지는 영국의 식민지라는 점을 빼면 서로 닮은 점이 거의 없었습니다. 예를 들어 버지니아 식민지에는 오늘날의 성공회인 영국 국교회 신도들이 정착했고, 매사추세츠 식민지에는 청교도들이 자리 잡았으며, 메릴랜드 식민지에는 가톨릭교도들이 정착했습니다. 이들은 원래 종교적 문제로 영국에서 원수지 간이나 다름없었는데 하나의 국가를 형성하는 일이 어디 쉬웠겠어요?

파리 조약을 통해 독립을 승인받다

영국과 미국의 군사력을 객관적으로 비교했을 때, 미국이 독립 전쟁에서 승리한 것은 기적과도 같았습니다. 그러나 전쟁이란 때로 군사력이 아닌 다른 요인으로 승패가 갈리기도 하지요. 익숙하지 않은 지형에서 전투를 해야 하는 영국군보다는 자기 집 앞마당에서 적을 상대하는 미국이 유리했습니다. 거기다 미국은 외국의 지원까지 받았죠. 아메리카 대륙에서 독점적인 영향력을 행사하는 영국이 불만스러웠던 프랑스, 스페인, 네덜란드가 미국을 지원했습니다. 특히 영국의 최대 라이벌인 프랑스가 미국과 동맹을 맺은 것이 영국에겐 치명타였습니다. 이런 상황에서 영국이 전쟁을 오래 끌고 가기는 어려웠습니다. 미국 식민지를 굴복시키려다 국력이 바닥나면 앞으로 있을 다른 유럽 열강과의 경쟁에서 힘을 쓰지 못할 테니까요. 결국 영국은 1783년 파리 조약을 통해 미국의 독립을 공식적으로 인정했습니다.

전쟁이 끝나자 미국인들은 다시 일상으로 돌아가야 했는데, 전후 미국은 안팎으로 심각한 어려움에 처하게 됩니다. 전쟁 중에 13곳의 식민지는 '연합 의회'를 구성했지만, 이것은 일종의 우정 동맹이었지 결속력이 강한 정치적 연합체는 아니었죠. 영국을 비롯한 유럽 국가들은 독립을 비웃듯이 미국의 통상을 간섭하고 규제하고 나섰습니다. 세계 최강의 해군력을 자랑하는 영국의 보호를 받지 못하자 미국 상선들은 해적들에게도 손쉬운 표적이 되었습니다. 서부 내륙에는 인디언들의 위협이 도사리고 있었고요. 거기다가 심각한 경제난마저 겹쳤습니다. 느슨한 연합 의회 체제로는 이러한 위기를 극복하는 데 한계가 있었습니다.

강력한 연방 국가는
어떻게 가능할까

1787년 5월 25일 필라델피아의 독립관에서 각 식민지를 대표하는 대의원 55명이 모여서 회담을 가졌습니다. 이들은 연합 의회보다 강력한 연방 국가를 건설하기로 결정했습니다. 이것이 지금의 미합중국United States of America을 탄생시킨 '헌법 제정회의'입니다.

13곳 식민지는 전쟁에 승리한 직후 각자 독립국과 같은 지위를

미합중국 헌법 서명 장면. 오른쪽에 서 있는 사람이 헌법 제정 회의 의장을 맡은 조지 워싱턴이다.

가졌습니다. 이 나라들이 모두 만족할 헌법을 제정하는 일은 결코 쉽지 않았지요. 가장 어려운 점은 입법 기관인 연방 의회를 어떻게 구성하느냐 하는 문제였습니다. 매사추세츠나 버지니아처럼 큰 나라들은 각 나라의 인구수와 면적에 비례해 대표자를 뽑아야 한다고 주장했습니다. 얼핏 타당해 보이지만, 뉴저지나 로드아일랜드 같은 작은 나라들 입장에서 보면 불합리한 조건이었습니다. 만약 큰 나라가 작은 나라보다 연방 의회에 더 많은 대표자를 보낸다면, 결국 작은 나라는 큰 나라에 예속당할 수밖에 없을 테니, 작은 나라들이 이런 주장에 순순히 따를 리 없었죠.

또 다른 난관은 흑인 노예를 둘러싼 문제였습니다. 남부에서는 연방 의회에 보낼 대표자 수를 결정하는 데 흑인 노예까지 인구에 포함해야 한다고 주장했습니다. 그래야 남부가 더 많은 대표자를 보낼 수 있기 때문이죠. 하지만 이미 노예 제도를 폐지한 북부는 이를 받아들일 수 없었습니다. 노예 제도는 민감한 문제였습니다. 헌법 제정 회의에 참여한 북부 대의원 중에는 노예 제도를 폐지하고 새로운 연방 국가를 출범시켜야 한다고 생각하는 이도 있었지만, 감히 그러한 의사를 드러낼 수가 없었습니다. 노예 제도는 경제, 사회, 문화 전반에서 남부의 근간이었기에, 노예제 폐지를 주장한다면 남부 대의원들이 새로운 연방 국가 구성을 포기하고 고향으로 되돌아갈 것이 뻔했기 때문이죠.

　　논란 끝에 헌법 제정 회의는 극적으로 대타협을 이루어 냈습니다. 우선 연방 의회를 상원과 하원으로 나누기로 했습니다. 하원 의원은 각 주의 인구수에 비례해서 선출하고, 상원 의원은 인구수에 관계없이 주당 2명을 선출하도록 하였습니다. 큰 주와 작은 주의 요구를 모두 수용한 것이죠. 노예는 자유인의 5분의 3인으로 취급해서 각 주의 인구수 집계에 포함하기로 했는데, 이는 남부의 요구를 어느 정도 받아들인 결정이었죠.

　타협으로 헌법이 탄생했지만, 미국의 헌법은 여러 면에서 미완의 작품이었습니다. 국가의 권력을 입법, 사법, 행정이라는 삼권으로 분리해 견제와 균형이 이루어지도록 했지만, 행정부의 수장인 대통령의 권한이 명확하게 설정되지 않았으며 같은 사람이 여러 번 연속 대통령을 할 수 있는지와 같은 문제도 아무런 제한이 없었습니다. 사법부의 가장 중요한 부분으로서 어떠한 법률이나 판결이 헌법에 위배되는지를 심사하는 위헌 심사권에 관해서도 확실한 규정이 없었죠.

　무엇보다 국가의 주권이 과연 누구에게 있는가 하는 기본적인 문제가 모호했습니다. 헌법 제정 회의에 참여한 대의원들은 주권을 각 주에 부여할지 연방 정부에 부여할지를 놓고 씨름했습니다. 결과적로는 '미합중국의 인민people인 우리'라는 표현을 써서 주권이 가장 낮은 곳, 국민으로부터 나온다고 선언했습니다. 하지만 각 주와 연방 정부의 관계가 명확히 제시되지 않아 국민의 뜻이 애매했습니다. 각 주의 국민인지 아니면 연방 전체의 국민인지 불분명했지요.

이러한 문제 때문에 헌법이 각 주에서 비준되는 과정은 험난했습니다. 연방주의자들은 미국이 하나의 국가로서 힘을 가지려면 헌법 비준이 시급하다고 주장했지만, 반연방주의자들의 생각은 달랐습니다. 헌법이 지배층의 이해관계만을 대변한다고 비난하며 비준 반대 운동을 전개했지요. 일각에서는 헌법의 '인민'이라는 용어를 '주'state로 대체해야 한다고 주장했습니다. 인민의 연합체로서 '우리'가 아니라 각 주의 연합체로서 '우리'여야 한다는 것인데, 이는 연방 정부나 연방 의회의 권한이 너무 비대해져서는 안 된다는 의도였습니다. 가령 연방 정부가 '인민의 뜻'이라는 모호한 당위성을 앞세워 주 정부의 의사에 반하는 결정을 내리거나 주의 문제를 독단으로 결정하는 상황이 생길까 봐 경계한 겁니다. 한편 독재로부터 국민을 보호하고 국민의 신앙, 언론, 출판, 집회, 청원의 자유 등을 보장할 '권리 장전'이 빠져 있다는 점도 지적됐습니다. 정부가 지배층의 이해관계만을 대변하거나 독재에 휘둘릴 때 국민의 기본적인 권리를 보호할 장치가 헌법에 명시되지 않았다는 지적이었죠.

하지만 대세는 헌법 비준으로 기울어져 갔습니다. 현실적인 문제 때문이죠. 독립 후 맞닥뜨린 국내외 문제를 극복하기 위해서는 하루빨리 새로운 헌법에 따라 강력한 연방 국가를 수립해야 했습니다. 그리고 권리 장전을 헌법 수정안에 첨가하기로 한 것도 헌법이 비준되는 데 큰 힘을 실어 주었습니다. 이에 따라 미국은 1789년 새로운 헌법을 바탕으로 국정 운영을 시작했습니다.

헬로,
미스더 프레지던트

헌법이 비준되고 조지 워싱턴이 미국의 초대 대통령에 당선되었습니다. 세계 최초로 혈연에 따른 세습이 아니라 임기가 정해져 있는 직위로서 국가 원수가 탄생한 순간이었죠. 대통령^{president} 이라는 칭호®도 처음으로 사용되었습니다. 이는 당시 미국인들에게도 생소한 호칭이었죠. 그래서 워싱턴의 측근들은 깍듯이 폐하^{Majesty}나 각하^{Excellency}로 부르려고도 했답니다. 그러나 워싱턴은 자신을 그냥 '미스더^{Mr.} 프레지던트'라고 부르도록 권했죠. 우리 식으로 얘기한다면 '대통령 씨' 정도이니 무척 격의 없는 표현입니다. 워싱턴은 제왕 같은 대통령으로 군림하기를 거부했습니다. 당시에는 대통령 임기에 제한이 없었기에 원한다면 종신 대통령으로 군림할 수도 있었지만, 그는 두 번의 임기를 마치고 물러났습니다. 자신의 조국인 미국에서 세계 민주주의의 새로운 시험대가 펼쳐졌으니 첫 단추를 잘 꿰어야 한다고 생

● president의 어근인 preside는 '앞에 앉는다.'라는 뜻의 라틴어에서 왔다. president도 원래 앞에 앉아 집회나 회의를 주재하며 여러 사람의 의견을 조율하는 사람을 뜻하며, 각종 기관의 장이나 회사의 사장을 이렇게 부르기도 한다.

각했던 것이죠.

1919년에 제정된 독일의 바이마르 헌법은 세계 역사에서 가장 완벽한 헌법이라고 합니다. 그런데 그 완벽한 헌법 아래에서도 히틀러라는 악마적 인물이 탄생했습니다. 미국의 민주주의는 여러모로 불안전하고 애매모호한 미완의 헌법에서 출발했습니다. 하지만 놀랍게도 미국은 아직 한 번도 개헌을 하지 않았고 수정 헌법만을 추

1966년, 권리 장전의 175주년을 축하하는 기념우표.

가해 왔습니다. 미국은 지금도 제1공화국입니다. 민주주의가 성공하느냐 실패하느냐가 법과 제도만의 문제는 아닌 것 같죠? 인물, 즉 사람의 중요성도 그만큼 큰가 봅니다.

남북 전쟁

노예 제도를 둘러싼 갈등

16세기 이후 아메리카 대륙이 유럽 국가들의 식민지로 각광받으면서 노동력이 필요해지자 유럽인들은 아프리카에서 노예를 들여오기 시작했습니다. 수많은 아프리카 흑인들이 대서양 노예 무역을 통해 남아메리카와 중앙아메리카 서인도 제도에 팔려왔습니다.

지금의 미국이 된 북아메리카도 예외는 아니어서 노예가 폭발적으로 늘어났지요. 특히 남부 지역은 플랜테이션˚이 활성화되면서 대농장을 소유한 지주들이 많은 흑인 노예를 거느렸습니다. 이들은 플랜테이션 경영으로 엄청난 부를 축적하고, 경제뿐 아니

● 서양인의 토지 자본과 노예의 값싼 노동력을 바탕으로 이뤄지는 대규모 농업 경영. 남북 전쟁 이전 미국 남부에서는 흑인 노예의 노동력을 이용해 면화, 사탕수수 등을 대량 경작했다.

라 정치와 문화 전반에서 남부를 주도하게 됩니다. 훗날 미국 건국에 핵심 역할을 한 조지 워싱턴이나 토머스 제퍼슨 등도 여러 노예를 소유한 대부호였죠.

남부와 달리 북부는 농업보다 상공업에 치중했기에 상대적으로 노예 노동력이 그렇게 많이 필요하지 않았습니다. 독립 전쟁이 발발할 즈음 북부의 노예들은 대부분 해방된 상태였죠. 게다가 1807년 영국이 노예 무역 폐지법을 통과시키고 유럽의 다른 나라들도 차츰 노예제를 불법화했습니다. 계몽주의 사상이 퍼지면서 미국 북부에서는 노예 무역과 노예 제도를 비판하는 목소리가 높아졌죠. 이러한 흐름은 남부 사람들의 심기를 불편하게 만들 수밖에 없었습니다.

노예제를 둘러싼 남과 북의 경제·문화적 차이와 이로 인한 미묘한 갈등이 독립 전쟁의 승리와 미국의 건국으로 극복될 수 있었을까요?

내란의 불씨가 된
노예 제도

노예제를 사이에 둔 남과 북의 갈등은 미국 건국 과정에서 더욱 불거지고 말았습니다. 앞서 얘기한 것처럼 헌법 제정에서부터 부딪치게 되었죠. 연방 의회의 대표자 수를 결정할 때 노예를 인구로 포함할지 말지를 놓고 남북 대의원들이 치열한

1850년대 남부 버지니아 주의 노예 매매장을 묘사한 그림.

논쟁을 벌였고, 그 결과 노예 1인을 자유인의 5분의 3인으로 계산한다는 타협이 이루어졌습니다. 하다못해 2분의 1인으로 친 것도 아니고 5분의 3인으로 계산했다니 지금 들으면 좀 황당하기도 하지요? 여하간 남부의 요구에 따라 연방 정부는 향후 20년간 노예 수입에 간섭할 수 없다고까지 확정했습니다.

하지만 이 대타협은 결국 남과 북이 내란으로 치닫는 불씨가 되고 말았습니다. 그래서 어느 역사가는 '5분의 3' 조항을 '헌법의 암'으로 비유하기도 했습니다. 암은 초기에 제대로 치료해야 하는데, 새롭고 강력한 연방 국가를 출범시키는 데 급급한 나머지 노예 문제를 어설픈 타협으로 넘겨 비극이 시작되었다는 것이죠.

실제로 건국 이후에 노예 제도는 끊임없이 남북 갈등의 핵심에 있게 됩니다. 갈수록 기세등등해진 북부의 노예 해방주의자들은 남부 노예 제도의 모순을 지적하며 하루빨리 노예제를 폐지해야 한다고 주장했습니다. 남부인들은 노예제가 남부의 독특한 체제이자 생활 방식이기에, 연방 정부나 북부 주에서 이러쿵저러쿵 간섭할 권한이 없다고 맞섰습니다.

노예 문제는 시간이 가면서 남과 북의 지역 분쟁으로 굳어지고 말았습니다. 미국 연방이 출범하면서 남북은 이런저런 정치·경제적 갈등을 겪었지만, 연방의 존립 자체를 흔들 만큼 심각한 것은 없었습니다. 하지만 감정이 얽힌 문제는 쉽게 해결되지 않는 법이죠. 남부인들은 개인의 생명과 자유와 자산을 지키는 것이 정부의 가장 큰 책무라고 강조하며 노예제의 합법성을 주장했습니다. 그들에게 노예란 자산이었고, 그 자산을 지키는 것이 바로 자유였던 겁니다. 그런데 북부 노예 해방론자들의 눈으로 보면 노예 제도는 비도덕적이고 헌법의 기본 정신인 자유와 평등에 위배되며 미국의 위신을 떨어뜨리는 것이었습니다. 이들은 남부에 대한 비난을 멈추지 않았죠. 이에 남부인들의 기분이 좋을 리 없었고요.

사람은 누구나 자존심을 지키고 싶어 합니다. 특히 남부인들은 자신의 전통과 문화에 남다른 자긍심이 있었고 무엇보다도 명예를 중시했습니다. 이런 남부인들에게 그들 문화의 중심에 있는 노예 제도에 대한 비판은 불쾌한 일이자 참을 수 없는 모욕으로 여겨졌습니다. 당시에는 결투가 합법적이었는데 북부에서 주로 금전 거래에 연관된 결투가 벌어졌다면, 자존심 강한 남부에서는 치정이나 명예에 얽힌 결투가 대부분이었지요. 1861년에 터진 남북 전쟁은 비유하자면 남부가 자신들의 명예를 훼손한 북부를 상대로 결투를 신청한 것이라고 할 수 있습니다.

남북 전쟁의 발발

　　타협으로 꾸렸던 미국 연방은 1861년 결국 해체되고 맙니다. 1860년 대통령 선거에서 노예 해방론자인 에이브러햄 링컨이 당선되자 사우스캐롤라이나를 시작으로 남부 주들이 하나둘씩 연방을 탈퇴해 남부 연합을 결성했습니다. 그리고 마침내 남과 북은 1861년부터 4년 동안 처절한 내전을 치르게 됩니다.

우리는 이를 남북 전쟁이라 부르지만 미국은 '내전'civil war이라고 합니다. 남북 전쟁은 참혹한 살상극이었습니다. 미국의 백인 인구 6명당 1명꼴인 약 300만 명이 참전했고 그 가운데 4분의 1이 생명을 잃었습니다. 형제가 형제에게, 친구가 친구에게 총부리를 겨눠야 했던 비극적인 내전이었죠. 대표적으로 링컨의 처남들은 링컨 반대파인 남부군에 지원했고, 육군 사관 학교 교장이었던 로버트 리 장군은 북군을 선택한 제자들과 싸워야 했습니다.

남북 전쟁의 전투를 묘사한 그림. 그림 왼쪽에 남부군의 깃발이 보인다.

　남부로서는 처음부터 승산이 없는 전쟁이었습니다. 정신력과 사기는 북군보다 높았지만, 병력이나 전쟁 물자 등에서 열세였거든요. 오랜 전쟁에서 정신력 하나로만 버티기에는 한계가 있었습니다. 특히 1863년 7월에 있었던 게티즈버그 전투는 가장 치열했던 싸움으로 꼽히는데, 여기서도 남부군은 패배합니다. "국민의, 국민에 의한, 국민을 위한 정부"라는 말을 들어 본 적이 있지요? 남북 전쟁 당시 게티즈버그에서 열린 전사자들의 봉헌식에서 링컨이 한 말입니다. '게티즈버그 연설'은 지금도 미국사의 기념비적 연설로 전해집니다.

남부군이 항복하면서 연방은 지켜졌지만 아픔과 상처는 클 수밖에 없었습니다. 남부는 그들의 패배가 순전히 물질적, 군사적 열세 때문이지 결코 도덕적, 정신적 문제라고는 생각하지 않았습니다. 그리고 전쟁이 끝난 지 6일 후에 연극을 관람하던 링컨 대통령이 총탄에 암살당하고 맙니다. 전쟁 이후 또 다른 혼란을 예고하는 불길한 사건이었죠.

링컨의 죽음은 흑인들에게 불안감을 불러일으켰습니다. 1863년 초에 링긴 내동령은 역사적인 노예 해방 선언을 했지요. 하지만 법적으로 해방을 선포한 것이 곧 실질적인 해방을 의미하지는 못했습니다. 경제적으로 자립할 수 없었던 남부의 해방 흑인들은 먹고살기 위해 옛 주인의 농장으로 돌아갈 수밖에 없었고, 실생활에서 여전히 노예와 같은 처지를 벗어나기 어려웠습니다. 연방 정부는 해방된 흑인의 문제를 각 주에서 처리하도록 맡겨 두었습니다. 해방된 흑인들은 미국 시민으로서 정당한 대우를 받고 살아가기를 열망했지만, 남부 주들이 완전한 해방을 보장할 리가 없었죠. 그들은 '흑인 단속법'을 제정해서 일상생활에서 흑인이 백인과 똑같이 대우받지 못하도록 차별하고 속박했습니다. 예컨대 어떤 주에서는 흑인이 시내를 마음대로 돌아다닐 수 없었고, 백인이 흑인과 친하게 어울려서도 안 됐죠. 이런 흑인 단속법은 곧 폐지되었지만, 1876년부터는 남부 주들에서 '짐 크로 법'이 새로 제정되어 흑인과 백인을 분리시켰습니다. 학교, 대중교통, 화장실, 식수대 등 모든 거의 모든 공공장소나 시설에서 흑인은 백인과 함께할 수 없었지요.

1963년 노예 해방 100주년을 맞아 열린 워싱턴 대행진에서 마틴 루서 킹이 '나에게는 꿈이 있습니다'라는 제목의 연설을 하고 있다.

그뿐 아니었습니다. 흑인에 대한 조직적인 폭력이 일어나기 시작했거든요. 1867년 테네시에서 조직되어 남부 전역으로 퍼진 큐 클럭스 클랜Ku Klux Klan, 일명 KKK® 가 대표적인 단체입니다. 그들은 매질, 고문, 살인 등 온갖 폭력을 휘두르며 흑인이 참정권을 행사하지 못하도록 위협했습니다.

남북 전쟁 후에도 흑인들은 한동안 '아침이 없는 새벽'의 어두움 속에서 살아야 했습니다. 진정한 의미의 아침이 오기까지는 무려 100년이란 세월이 더 걸렸습니다. 1960년대 중반에 짐 크로 법이 폐지되고 마틴 루서 킹 목사를 비롯한 인권 운동가들이 나타나 흑인 민권 운동이 활성화되면서 전반적인 사회 분위기가 평등을 지향하는 쪽으로 변화했고, 비로소 흑인들은 아침의 서광을 볼 수 있었죠.

● 극우적 성향의 백인 비밀 결사 단체. 흰옷을 입어 백의단이라고도 한다. 남북 전쟁 후에 흑인을 적대시하면서 생겨났으며, 1차 세계 대전 직후에는 미국 각지로 번져 가톨릭교도, 유대인, 동양인들을 배척했다.

노예의 노동력이 뒷받침되어야만 경제가 돌아가는 남부에서 유독 자존심이 강했던 남부인들이 노예제를 사수하려 했던 것은 당시 상황으로 보아 이해가 가는 면도 있습니다. 그러나 누군가를 피부색만으로 차별하는 것이 결코 용납되어서는 안 되겠지요. 이는 오늘날 다인종·다문화 국가인 미국이 아주 소중히 여기는 지침이기도 합니다. 현대 미국의 인종 문제에 대해서는 3부에서 다시 살펴보도록 하겠습니다.

최강 대국으로의 발돋움

미서 전쟁과 태평양 진출

지금까지 살펴보았듯 미국은 독립 이후에도 연방 수립과 헌법 제정, 남북 전쟁 등 험난한 여정을 겪었습니다. 그런데 이러한 미국이 힘을 결집해 강대국으로 발돋움하는 결정적 계기가 생깁니다. 바로 '미서 전쟁'Spanish-American War 입니다.

1898년 5월 1일, 필리핀의 마닐라 만에서 미국과 스페인 사이에 해상 전투가 벌어지면서 미서 전쟁의 첫 총성이 울려 퍼집니다. 마닐라 전투는 미국의 압도적인 승리로 끝났습니다. 이 전투에서 스페인 사상자는 무려 350명이나 발생했지만, 미국 측의 희

미서 전쟁을 통해 쿠바의 지배권을 확보하려는 미국을 표현한 그림.

생은 훨씬 적었습니다. 고작 1명의 사망자와 8명의 부상자가 전부였죠.

이는 마닐라 전투만의 우연한 결과가 아니었습니다. 미서 전쟁은 미국이 스페인으로부터 독립하려는 쿠바의 저항 세력을 지지하면서 촉발되었는데, 전쟁의 주 무대였던 쿠바에서도 스페인은 미국의 적수가 되지 못했거든요. 스페인은 채 4개월을 버티지 못하고 항복했으며 미국에 쿠바, 푸에르토리코, 필리핀, 괌 등을 내놓았습니다. 서인도 제도와 태평양의 패권이 스페인에서 미국으로 넘어가는 순간이었습니다.

당시 세계는 온통 제국주의 광풍에 휩싸였죠. 유럽과 북아메리카 대륙을 제외하면 거의 모든 지역이 유럽 제국주의에 희생되었다고 봐도 무방합니다. 아시아의 맹주였던 중국도 19세기 내내 유럽 열강의 힘에 주권을 유린당했고요. 이런 와중에 미국은 제국주의 경쟁에 바로 뛰어들지 않고 잠잠히 지켜보고만 있다가 미서 전쟁을 계기로 자신의 힘을 본격적으로 내보인 겁니다. 이제 미국은 제국으로서 기지개를 펴기 시작했습니다. 그간 조용했던 미국이 미서 전쟁에서 스페인을 제압하고 강국으로 부상하다니, 그 힘은 대체 어디에서 나왔을까요? 이 질문에 답하는 것은 미국이 어떻게 세계에서 가장 강력한 국가로 성장했는가를 알아보는 중요한 과정이기도 합니다.

아메리칸드림과
경제 발전

첫 번째로, 그리고 가장 주의 깊게 살펴볼 것은 미국의 산업 혁명*입니다. 미국은 유럽에 비해 산업 혁명이 늦었지만, 빠른 속도로 유럽을 따라잡았습니다. 풍부한 자원과 노동력이 뒷받침되었기 때문이죠. 미국은 서부로 팽창하며 영토가 넓어지고 지하자원도 늘었습니다. 1830년대부터 이른바 '아메리칸드림'을 꿈꾸는 수많은 사람들이 미국으로 오면서 노동력도 증가했고요. 게다가 1848년에는 캘리포니아에서 금광이 발견되었죠. 금광을 찾으러 사람들이 몰려드는 '골드러시'는 미국을 그야말로

● 19세기 초의 산업 혁명은 대체로 영국에 한정되었으나 1865년경부터 1900년까지 2차 산업 혁명이 일어나 독일, 프랑스, 미국으로 확대된다. 이 시기 미국은 풍부한 석유 자원과 기술 혁신 등을 바탕으로 거대 기업을 발전시켰다.

미국의 산업 혁명이 한창이던 1908년, 유리 공장에서 일하는 어린 노동자들의 모습.

젖과 꿀이 흐르는 신천지로 만들었습니다. 이제 유럽뿐 아니라 멕시코, 중국에서도 이민자들이 몰려왔습니다.

　광대한 영토, 막대한 자원, 풍부한 노동력을 갖춘 미국은 금방이라도 영국을 제치고 세계 최강의 경제 대국으로 부상할 기세였습니다. 남북 전쟁이 터지면서 잠시 주춤하는 듯했지만, 전쟁은 오히려 미국의 산업 발전에 결정적인 계기가 되었습니다. 전쟁에 필요한 물자를 충당하는 일은 그 나라의 산업 생산력과 기술력에 달려 있거든요. 군수 물자를 신속하게, 그리고 대량으로 공급해야 할 필요성 때문에 생산과 물류 체계가 획기적으로 발전했습니다. 전후 미국의 산업 혁명을 이끌게 되는 철도 건설도 이때 폭발적으로 늘어납니다. '필요는 발명의 어머니'라는 말도 있듯 이 시기에는 새로운 기구와 발명품 또한 쏟아져 나왔습니다. 벨이 전화기를, 에디슨이 백열등과 축음기를, 이스트먼이 가벼운 휴대용 사진기를 발명한 것입니다. 한 나라가 남과 북으로 갈려져 싸운 전쟁의 비극이 오히려 경제 성장의 발판이 되었다니 한편으로 씁쓸한 기분이 들기도 하죠?

이 시기는 특히 철강, 석유, 금융의 발달을 빼놓고 이야기할 수 없습니다. 전쟁을 겪으며 철강이나 석유 관련 산업이 크게 발달하고 기업이 대형화되었는데, 기업 활동이 활발해질수록 금융업의 발달도 촉진되었습니다. 철강왕 카네기, 석유왕 록펠러, 금융왕 모건은 미국의 경제 발달을 주도한 삼두마차 산업 대통령이었고, 19세기 말에 이르면 미국은 이 세 분야에서 세계 최고 수준에 오르게 되지요. 그에 따라 미국의 국력도 세계 최강으로 발돋움합니다.

불간섭의 원칙, 먼로 독트린

미국이 강국으로 부상하는 데에는 19세기 초부터 후반에 이르기까지 유럽 국가로부터 별다른 견제를 받지 않은 점도 유리하게 작용했습니다. 19세기 초 유럽은 대륙을 지배하려는 프랑스의 나폴레옹과 이를 저지하려는 영국 사이의 전쟁에 휘말립니다. 나폴레옹은 1815년 워털루 전투를 마지막으로 역사의 뒤편으로 사라지지만, 유럽 열강은 이후에도 세계 곳곳에서 식민지 쟁탈전을 계속하느라 미국을 견제할 여력이 없었습니다. 세계는 갈수록 좁아지고 가까워졌는데, 미국은 대서양 무역에서 중요한 역할을 담당하면서도 유럽 내 갈등에서 한 걸음 비켜선 채 조용히 그 힘을 키울 수 있었죠.

그런데 유럽이 처음부터 미국을 견제하지 않은 것은 아닙니다. 영국은 나폴레옹과 전쟁을 벌이는 와중에 1812년 미국을 자극해 미국과도 전쟁을 치렀습니다. 3년간 지속된 전쟁에서 영국은 세계 최강의 군대를 소유하고도 변변치 못한 미국의 연방 군대에 패하고 말죠. 이 전쟁이 미국 입장에서는 제2의 독립 전쟁이었습니다. 원래 미국은 연방 국가로 출범한 직후에도 유럽 국가로부터 연신 괴롭힘을 받아 왔거든요. 그런데 군사력이 한없이 약해 보이던 미국이 영국에게 승리를 거두자 유럽 국가들이 두려움을 품게 되었지요. 즉 이 전쟁을 계기로 미국이 실질적인 독립을 보장받았다고 볼 수 있습니다.

이러한 분위기에서 1823년 미국의 5대 대통령 제임스 먼로가 유명한 '먼로 독트린'*을 선포합니다. 유럽 국가들이 아메리카 대륙에 간섭하거나 식민지를 건설하는 것을 거부한다는 내용을 담아 비동맹, 비식민, 불간섭 원칙을 내세운 것입니다. 먼로 독트린

● 독트린이란 '주의'라는 뜻으로 국제 사회에서 한 나라가 공식적으로 표방하는 정책 원칙을 말한다.

이 한동안 미국 외교의 주된 원칙으로 작동하면서 미국은 유럽의 간섭이나 갈등 관계에서 벗어나 국력을 축적할 수 있었습니다.

미국인들이 믿은 '명백한 운명'이란?

　　　　마지막으로 미국인들의 독특한 정신에서 미국이 강대국으로 성장한 근원을 찾아볼 수 있습니다. 미국의 청교도들은 식민지 시대부터 자신들이 신대륙에서 지상 낙원을 건설하라는 하나님의 부름을 받았다고 믿었습니다. 건국에 성공하고 국력이 일취월장하자 이러한 믿음은 더욱 강해졌지요. 19세기 중반에는 '명백한 운명'manifest destiny이라는 슬로건을 내걸고 대륙 팽창에 박차를 가했습니다. 기독교 복음의 전파, 나아가 민주주의의 전파를 위해서 미국은 팽창할 수밖에 없다는 신념이 널리 퍼졌지요. 이런 신념은 1846년 멕시코와 전쟁을 벌일 때도 마찬가지였습니다. 전쟁에서 승리한 미국은 캘리포니아에서 텍사스에 이르는 광활한 지역을 영토로 편입시켰습니다. 멕시코로서는 치욕적인 순간이었고, 미국으로서는 지금의 남서부 국경을 결정짓는 행운의 순간이었죠. 미국의 영토 확장에 관련해서는 2부 '지리'에서 더 자세히 다뤄 보겠습니다.

　1898년 미서 전쟁은 이러한 '명백한 운명'이 다시금 고개를 든 것이라 할 수 있습니다. 당시 스페인은 쿠바에서 필리핀에 이르

미국인의 신념인 '명백한 운명'을 표현한 그림. 그림 중앙에 미국으로 상징되는 여신이 있으며, 기차
와 마차가 동쪽에서 서쪽으로 전진하는 모습이 보인다.

는 태평양 무역을 독점하고 있었습니다. 미국인들은 스페인의 강압적인 식민지 정책에 신음하는 쿠바와 필리핀을 구하고 그들에게 진정한 기독교 문명과 민주주의를 전파하는 것이 미국의 숙명이라고 굳게 믿었죠. '미국은 뭔가 다르다. 그리고 달라야 한다. 미국은 하나님의 부름을 받아 몸소 인류의 문명화와 민주주의를 위한 도구가 되어야 한다.'라는 미국의 예외주의 혹은 선민사상은 미서 전쟁뿐 아니라 향후 미국이 세계 질서에 적극적으로 관여하게 되는 중요한 배경입니다.

미서 전쟁이 벌어지는 가운데 미국은 의미 있는 영토를 하나 더 합병하게 되었습니다. 바로 태평양에 있는 하와이입니다. 미서 전쟁이 벌어지기 1년 전에 미국이 하와이를 합병하고, 미서 전쟁이 한창일 때 미국 의회가 그 합병을 비준해 하와이가 미국의 영토가 되었는데 이는 단순히 우연의 일치가 아닐 겁니다. 이제 미국은 무궁무진한 기회의 공간 태평양으로 눈을 돌리게 되지요. 그러니 당시 중국, 러시아, 일본의 세력 경쟁 각축장이던 한반도에 미국의 영향력이 끼쳐 온 것은 당연한 일이었습니다.

20세기

세계 대전과 미국의 세기

20세기 들어서 첫 반세기 동안 '신은 잠들었다.'라고 합니다. 인류가 유례를 찾을 수 없을 정도로 참혹한 전쟁을 겪었기 때문입니다. 1차 세계 대전과 2차 세계 대전은 상상을 초월한 사상자를 남겼습니다. 1억여 명이 전쟁의 포화 속에서 목숨을 잃었으니까요. 인류가 성취한 놀라운 기술과 과학의 진보, 제국주의 광풍과 식민지 경쟁, 그리고 그에 얽힌 민족주의적 감정 대결이 이러한 대재앙을 낳고 말았습니다.

그런데 이러한 20세기를 '미국의 세기'라고도 합니다. 두 번의 대전을 거치면서 미국이 전 세계 질서를 주도하게 되었기 때문이지요. 사실 이 표현은 1941년 2월 17일 시사 잡지인 『라이프』의 사설에서 처음 등장합니다. 이 잡지의 창간자인 헨리 루스는 사설을 통해 미국이 하루빨리 2차 대전에 참전해야 하며 히틀러를 무찌르고 세계의 자유와 질서를 선도할 의무가 있다고 주장했습니다. 하나님의 선택을 받은 나라 미국만이 인류를 재앙에서 구할 유일한 희망이며 '미국의 세기'가 오고 있다고 단언한 것이죠.

우드로 윌슨의 민족 자결주의

　　　　1914년 7월부터 유럽은 1차 대전의 소용돌이에 휩싸였습니다. 그 무렵 제국주의 경쟁으로 영국과 독일은 날선 대립 관계를 형성하고 있었습니다. 영국은 프랑스, 러시아와 우호적인 관계를 유지하면서 독일·오스트리아·이탈리아의 3국 동맹을 견제하려 했지요. 그러던 중 오스트리아와 세르비아 사이에 충돌이 일어나며 전 세계적인 대전이 발발하게 된 것입니다. 전쟁은 막대한 인명과 재산 피해를 내면서 오랜 교착 상태에 접어들었습니다. 영국과 프랑스 연합국은 애타게 미국의 참전을 요청했지만 미국은 중립을 견지했습니다. 미국인은 여전히 전통적인 '먼로 독트린'에 따라 중립을 지켜야 한다고 믿었죠.

　그런데 1917년 초에 독일 잠수함이 미국 상선에 무차별 공격을 퍼붓자 미국도 더는 가만히 있을 수 없게 되었습니다. 미국은

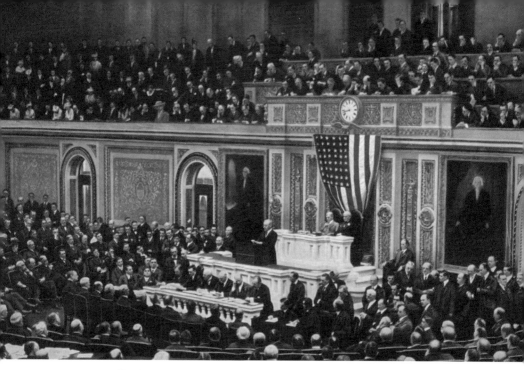

우드로 윌슨 대통령이 1917년 4월 2일 미국 의회에서 1차 대전 참전을 요청하고 있다. 같은 달 6일 미국은 독일에 선전 포고하고 참전을 공식화했다.

독일에 선전 포고하고, 1차 대전이 발발한 지 약 3년 만에 참전을 결정합니다. 우드로 윌슨 대통령은 "세계 민주주의를 안전하게 지키기 위해" 미국이 참전한다고 선언했습니다.

미국의 참전으로 전쟁은 연합국에 유리해졌습니다. 1918년 11월 11일 결국 독일이 항복했습니다. 윌슨은 전쟁의 영웅이자 미국 건국 이후 유럽을 방문하는 최초의 대통령이 되어 파리로 건너갔고, 종전과 이후 문제 해결을 위한 베르사유 평화 회담을 주도했습니다. 윌슨은 회담에서 자신이 평소 주창한 민족 자결주의를 관철하고, 공정하고 투명하게 평화 조약을 체결하려 했지만 쉽지 않았습니다. 승전국들의 이해관계를 조정하는 일이나 그들이 품은 독일에 대한 증오심을 누그러뜨리는 데에 한계가 있었거든요. 결국 베르사유 조약은 독일에게 전쟁 책임을 물어 막대한 손해 배상을 부과하고 독일 영토를 조정하는 등 영국과 프랑스의 의도대로 마무리되었습니다. 윌슨은 그가 제안한 국제 연맹League of Nations®이 창설된 것에 만족할 수밖에 없었습니다.

하지만 얼마 지나지 않아 국제 연맹도 무용지물이 되고 말았습니다. 우선 미국 상원에서 인준을 거부하는 바람에 미국은 국제 연맹의 회원국으로 가입조차 하지 못했습니다. 미국 없는 국제 연맹은 이빨 빠진 호랑이와 같았죠. 승자의 전리품 챙기기로 채워진 베르사유 조약에다 힘없는 국제 연맹은 결국 또 다른 재앙을 잉태하게 됩니다. 바로 2차 세계 대전이지요.

2차 세계 대전과 미국

1939년 9월 독일이 폴란드를 침공하면서 유럽은 다시 세계 대전에 휩싸였습니다. 독일의 히틀러는 금방이라도 유럽 대륙을 삼킬 기세로 승승장구했습니다. 전쟁이 발발한 지 채 1년도 되지 않아 프랑스가 독일에 무릎 꿇고 말았죠. 연합국의 일원

● 국제 평화 유지와 협력을 목적으로 한 국가 간 연합체. 1945년 국제 연합 (UN)이 창설되면서 1946년 해체되었다.

역사

057

이던 소련도 독일의 공격을 받아 위기에 처했습니다. 영국 홀로 히틀러를 막아야 했지만 갈수록 힘에 부쳤습니다. 영국의 윈스턴 처칠 수상은 미국의 참전을 호소했지만 미국은 유보적인 태도를 보였습니다.

1차 대전 후 강한 고립주의로 회귀한 미국은 더 이상 유럽 전쟁에 관여하지 않으려 했습니다. 베르사유 회담을 지켜본 미국인들은 영국과 프랑스를 비롯한 기존의 열강들이 자기 욕심만을 채우려 한다며 실망을 금치 못했거든요. 미국인들은 미국의 젊은이들이 유럽 제국주의의 꼬임에 넘어가 무고하게 희생당했다고 생각하며, 다시는 유럽 문제에 신경을 쓰지 않으려 합니다. 1920년대와 30년대는 미국이 역사상 가장 강력한 고립주의를 고수한 시기였습니다.

유럽이 히틀러의 발 아래 짓밟히고 있는 상황에서도 꿈적하지 않던 미국이 2차 대전에 참전하게 된 것은 1941년 12월의 일이었습니다. 일본이 미국 영토인 하와이의 진주만을 공습했기 때문이죠. 당시 일본은 독일과 동맹 관계였기 때문에 미국이 일본과 싸운다는 것은 독일과도 맞서겠다는 뜻이었습니다.

세계 최고의 산업 국가로 자리매김한 미국이 참전한 이상 독일과 일본의 승리는 어려운 일이었습니다. 연합군은 1944년 프랑스 북부 노르망디 상륙 작전에 성공해 독일군을 수세에 내몰았고, 결국 이듬해 4월 30일 히틀러가 지하 벙커에서 자살하며 유럽 대류의 전쟁이 종결되었습니다. 태평양 전투에서는 일본이 결사 항쟁의 의지를 굽히지 않고 총력전을 펼쳤지만, 8월 초 히로시마와 나가사키에 원자 폭탄이 투하되자 더는 견디지 못하고 8월 15일 항복을 선언하였습니다. 이날 사상 최악의 인명 및 재산 피해를 낸 2차 대전이 완전히 종결되

일본 나가사키에 떨어진 원폭에서 버섯 구름이 피어오르는 모습.

었고, 우리로서는 일본의 식민지 치하에서 벗어나 광복의 기쁨을 누리게 되었죠.

미국 VS 소련
냉전 시대의 도래

2차 대전은 약 400년 동안 세계 질서를 주름잡았던 영국의 시대가 끝나고 미국으로 패권이 넘어오는 전환점이었습니다. 물론 전쟁 후 40여 년간 미국과 소련이 한쪽은 자본주의, 한쪽은 공산주의의 대부로서 서로 경쟁했지만, 소련이 산업 자본과 기술력, 그와 연결된 군사력에서 미국을 압도하기는 어려웠습니다.

전후 소련과 미국의 이러한 대결을 '냉전'cold war 이라고 합니다. 총칼을 들고 눈에 보이는 싸움을 하는 것은 아니지만, 사회주의와 자본주의가 서로 차가운 권력 쟁투를 벌였던 것이지요. 미국 입장에서 냉전이란 전 세계에 공산주의 혁명의 씨앗을 퍼뜨리려는 소련을 막고 자본주의와 민주주의를 지키기 위한 피할 수 없는 선택이었습니다. 소련의 입장에서는 그와 정반대였고요.

과연 냉전의 책임은 미국과 소련 중 누구에게 더 클까요? 이에 답하는 것은 역사가들의 오랜 숙제였지만, 양국의 입장을 떠나 세계사의 큰 흐름에서 보면 두 나라의 대결은 필연적인 숙명과도 같았습니다.

자, 시간을 되돌려 1917년으로 거슬러 올라가 보죠. 1차 대전이 한창일 때 러시아에서 역사적인 혁명이 일어납니다. 블라디미르 레닌이 이끄는 공산주의자들이 러시아의 마지막 전제 왕권을 무너뜨리고 혁명에 성공했습니다. 러시아가 사라지고 소비에트 연방, 이른바 소련이 탄생하면서 세계 최초의 공산주의 연방국이 성립되었죠. 러시아, 우크라이나, 벨라루스 등 15개 나라가 모인 소비에트 연방은 공산당에 의해 강력한 중앙 집권 체제를 이룹니다.

러시아 혁명은 단순히 한 국가만의 혁명이 아니었습니다. 당시는 세계 대전 중이었지만 19세기 후반부터 유럽과 미국은 산업 혁명이 불러온 문제들로 골치를 앓고 있었습니다. 나라마다 '있

1917년 러시아 혁명을 표현한 그림.

는 자'와 '없는 자' 사이의 계급 문제가 극심했죠. 유산 계급인 부
르주아에 대항하는 노동자와 농민의 투쟁은 갈수록 격화되었습
니다. 러시아에서 공산주의 혁명이 성공하자 이들 무산 계급은
공산주의가 자본주의를 대체할 새로운 대안이라 확신했습니다.
유럽 곳곳에서 공산주의 혁명의 기운이 드세게 일어나기 시작
해 이제 자본주의는 강력한 위협에 맞닥뜨리게 되었습니다. 게다
가 1차 대전 후 유럽은 심각한 경제 공황을 겪었고, 미국도 결국
1929년 대공황을 맞았습니다. 그럴수록 공산주의는 더욱 탄력을
받게 되었죠.

역사

그러다 2차 대전이 터지자 자본주의와 공산주의 대결은 잠시 뒷전으로 물러날 수밖에 없었습니다. 자본주의를 주도하던 영국과 미국, 그리고 공산주의의 대부인 소련이 연합국으로서 동맹 관계를 형성하게 되었죠. 그야말로 역사의 아이러니가 아닐 수 없지요? 공동의 적인 히틀러에 대항하려고 어쩔 수 없이 연합 전선을 폈던 것입니다.

하지만 전쟁이 끝나면서 그 대결이 부활했습니다. 대전 후 영국과 프랑스의 후원을 받은 미국이 소련의 영향력을 억누르려 하면서 미국과 소련은 서로 등을 질 수밖에 없었고 또 다른 전쟁, 차가운 전쟁에 돌입합니다. 이런 점에서 냉전은 어느 한쪽의 책임이라기보다 19세기 산업 혁명이 낳은 역사의 필연이라고 할 수 있습니다.

21세기

탈냉전 시대, 미국의 새로운 도전

1947년 해리 트루먼 대통령은 공산주의와 소련이 미국의 적임을 공식화하는 '트루먼 독트린'을 선포했습니다.° 2차 대전이 끝난 뒤 국내외의 혼란과 불안이 계속되는 상황에서 트루먼 독트린은 미국이 새로운 제국으로서 지향해야 할 원칙을 제시한 선언이었죠. 하지만 실제로는 소련이나 기타 공산주의 세력의 움직임이 미국의 안보와 이익에 얼마나 위협적인지, 이에 대항해서 미국이 어느 정도까지 개입해야 하는지 뚜렷한 확신이 없었습니다. 미국은 '미국의 세기' 정점에 있었지만 국민들에게 국제 무대에서 미국이 지도력을 보여야 한다고 설득할 뭔가 특별한 계기

● 2차 대전 후 유럽의 터키와 그리스는 극심한 혼란에 빠졌지만, 영국의 원조에는 한계가 있었고 이들 국가는 소련의 영향권에 들 상황이었다. 이에 트루먼 대통령은 '공산주의 세력이 확대되는 것을 막고자 터키와 그리스를 비롯한 여러 나라에 군사적, 경제적 지원을 한다.'라는 내용의 트루먼 독트린을 선포했다.

가 필요했습니다. 그 계기는 의외의 곳에서 나타났습니다. 바로 '조용한 아침의 나라' 한국이었지요.

1950년 6월 25일에 한국 전쟁이 발발합니다. 냉전 초기 불안정했던 미국에게 한국 전쟁은 세계 속에 미국의 존재와 가치를 되새기는 기회였고 모든 것을 단순하고 명확하게 만들어 주었습니다. 냉전은 분명 유럽 중심의 세계 질서를 등에 업고 태동했지만, 미국은 한국 전쟁을 통해 냉전이 자신의 세계사적 책임이자 의무라고 확신하게 됩니다. 이 점에 관해서는 5부 '한미 관계'에서 자세히 살펴보겠습니다.

베트남 전쟁, 미국 사회의 분열을 낳다

한국 전쟁을 계기로 세계는 본격적인 냉전 체제에 들어갔습니다. 적어도 미국의 입장에서는 트루먼 독트린이 미국 외교의 새로운 원칙으로 자리 잡는 데 한국 전쟁의 역할이 지대했지요. 미국은 이후 공산주의와 관련된 분쟁이 나타나면 세계 어디든 뛰어들게 됩니다. 그 대표적인 예가 베트남 전쟁입니다.

베트남은 2차 대전 이후 완전한 독립과 통일을 놓고 심각한 갈등과 혼란에 휩싸였습니다. 우리나라가 그랬던 것처럼 북베트남은 공산주의 세력이, 남베트남은 자본주의 세력이 장악하게 되었죠. 미국은 베트남 문제에 개입해야 할지 말아야 할지 고민이었습니다. 그냥 둘 경우 베트남은 공산주의자들의 주도로 통일될 가능성이 많았는데, 당시 미국은 도미노 현상이 벌어질 것을 우려했습니다. 도미노 현상이란 하나가 무너지기 시작하면 연쇄적으로 모두가 무너지는 것을 말하는데, 베트남이 공산화되면 인근 동남아시아 지역이 전부 공산화되지 않을까 걱정한 것이죠. 그렇다고 본격적으로 개입하기에도 쉽지 않은 문제였습니다. 과연 국민들이 미국과 특별한 관계도 없는 동남아시아에 군대를 보내는 것을 받아들일지 확신할 수 없었으니까요.

고민 끝에 미국은 개입하기로 결정합니다. 냉전이라는 시대 배경에서 베트남의 공산화를 막는 게 우선이라고 판단되었기 때문이죠. 그러나 미국은 그 선택의 대가를 톡톡히 치러야 했습니다. 1964년 미국은 공식적으로 베트남 전쟁에 참전해 막강한 군사력을 바탕으로 북베트남에 맹공을 퍼부었는데, 예상보다 공산주의자들의 저항이 만만치 않았습니다. 양쪽의 사상자가 기하급수적으로 늘어나는데도 전쟁은 좀처럼 끝날 것 같지 않았죠. 게다가 미국 내에서는 엄청난 반전 운동이 일어났습니다. 시민들이 주도한 베트남 반전 운동으로 1960년대 후반과 70년대 초반 미국 사회는 심각하게 분열되었습니다. 특히 이 시기에는 히피 문화가 번성했는데, 기성 사회의 억압이나 물질 만능주의 등에 반대하는 청년층이 히피를 이루면서 반전 운동에 적극 동참했지요. 국외의 전쟁 때문에 미국 사회가 이렇게 분열되기는 처음이었습니다.

베트남 반전 시위에 참여한 히피 여성이 미국 헌병에게 평화의 상징으로서 꽃을 건네고 있다.

결국 미국은 국론 분열을 더 감수하지 못하고 1973년 베트남에서 철수하게 됩니다. 미국에 협조해 베트남 전쟁에 참전한 우리나라 군대 역시 철수합니다. 2년 뒤 남베트남은 북베트남에 항복을 선언했습니다. 미국은 '상처 입은 거인'으로 자존심이 무너졌고, 미국인들의 정서적 공황 상태도 쉬이 잦아들지 않았죠.

확대,
미국의 새로운 전략

그렇다면 미국은 냉전에서 패배했을까요? 천만에요. 냉전은 미국의 승리로 끝났습니다. 1989년 베를린 장벽 붕괴*를

● 2차 내전 후인 1949년, 독일은 당시 수도 베를린을 경계로 동독과 서독으로 분단되었다. 동독은 소련의 영향권에 들고 서독은 미국의 강제 원조를 받으면서 서로 관계가 단절되었다가 1970년대부터는 교류 협력이 활발히 이루어졌다. 마침내 1989년 베를린 장벽이 붕괴되고, 1990년 10월 3일 통일을 이루었다.

시작으로 동유럽의 공산주의가 무너지고 소련도 결국 1991년 해체되고 말았습니다. 반세기 가까이 드리웠던 냉전의 막이 걷히고, 탈냉전의 새로운 장이 열렸습니다. 소련의 몰락은 곧 미국이 세계에서 유일한 패권 국가로 자리매김한다는 의미였죠.

하지만 미국은 마냥 승자의 축배를 들 수 없었습니다. 갑작스럽게 냉전이 끝나면서 세계는 '가장 불확실한 전환'을 맞이했거든요. 세계는 냉전의 후풍으로 혼돈 상태나 다름없었습니다. 특히 발칸 반도와 중동, 그리고 아프리카는 크고 작은 전쟁으로 수많은 인명 피해를 내며 세계를 불안하게 만들었습니다.

미국은 국제 질서에서 누구의 견제도 없이 가장 강력한 주도권을 행사할 수 있게 되었지만, 미처 탈냉전 시대를 맞을 채비를 갖추지 못한 상태였고 국내의 강력한 고립주의에 휩싸이고 맙니다. 국민들의 우선적인 관심이 국제적 갈등 해결보다 경제를 비롯한 국내 문제에 쏠렸기 때문입니다.

따라서 당시 클린턴 대통령은 탈냉전 시대에 적합한 새로운 외교 원칙을 찾아야 했습니다. 클린턴이 선택한 원칙은 '확대'입니다. 클린턴은 자유 무역을 통한 시장 경제 추구와 민주주의의 확대를 미국 외교의 새로운 슬로건이자 원칙으로 내세웠습니다.

그 확대 정책의 일환으로 클린턴은 북아메리카 자유 무역 협정NAFTA●을 의회에서 비준시켰습니다. 이는 클린턴이 임기 첫해 가장 심혈을 기울여 성사시킨 업적이었죠. 국내외에서 만만치 않

● FTA란 관세 철폐 등의 방식으로 국가 간 무역 장벽을 완화하는 자유 무역 협정이다. 미국, 멕시코, 캐나다 3국은 NAFTA를 체결해 단일 시장을 형성하고 상품과 서비스가 자유롭게 이동하도록 했다.

은 반대에 부딪혔지만 클린턴은 사력을 다했습니다. 여기에는 캐나다, 멕시코와 경제적 통합을 이루려는 목적뿐 아니라 아시아 태평양에서 미국의 지도력을 확보하려는 동기가 중요하게 작용했습니다. 클린턴이 하원의 NAFTA 비준 투표 다음 날 곧장 아시아 태평양 경제 협력체APEC의 정상 회담을 시애틀에서 개최하기로 계획한 것은 의미심장한 일이죠.

사실 APEC은 클린턴 대통령이 개입하기 전까지 이렇다 할 역할을 하지 못했습니다. 한국, 일본, 중국의 동아시아 3국과 다른 동남아시아 국가들 간의 경제적 격차가 너무 컸고, 그 3국 안에서도 민족적 감정이 거세 그동안 제 기능을 다하지 못했던 것이죠. 그런데 클린턴의 주도로 사상 최초로 APEC 정상 회담이 열리면서 순식간에 그 기능과 위상이 확대됩니다. 이는 탈냉전 시대 미국의 세계 전략에서 동아시아를 비롯한 아시아 태평양 구역의 경제적 협력이 아주 핵심적인 요소임을 확인시켜 주는 일이었습니다.

9·11 테러 이후
미국은 지금?

미국은 오랫동안 이런저런 '전쟁'에 직·간접적으로 휘말렸는데, 냉전이 종식되면서 이제 차분히 경제적 문제에 집중할 것처럼 보였습니다. 하지만 과연 그랬을까요? 웬걸요, 더 심

9·11 테러 직후 엠파이어 스테이트 빌딩 뒤쪽으로 세계 무역 센터가 불타고 있다.

각한 문제로 미국은 아수라장이 되고 말았죠.

2001년 9월 11일, 이른바 9·11 테러가 터지고 말았습니다. 항공기 납치 동시다발 자살 테러로 뉴욕의 110층짜리 세계 무역 센터 쌍둥이 빌딩이 무너지고, 미국 국방부 펜타곤이 공격을 받아 3,000여 명의 무고한 시민들이 사망한 대참사가 발생한 것이죠. 미국인들의 분노는 상상할 수 없이 컸고, 냉전 이후 다소 흐트러졌던 미국 사회는 애국심으로 굳게 결집되었습니다.

미국은 즉시 '테러와의 전쟁'을 선언하였습니다. 9·11 테러의 배후자로 사우디아라비아 출신의 오사마 빈라덴과 그의 테러 조직 알카에다를 지목했고, 이들을 보호하고 있는 아프가니스탄의 탈레반 정권을 상대로 전쟁을 벌였습니다. 2003년에는 대량 살상 무기 제조를 이유로 이라크와 전쟁을 벌였죠.

미국은 오래지 않아 이라크 전쟁을 끝냈지만, 그 전쟁은 끝났다고 할 수 없는 전쟁입니다. 무슨 말이냐고요? 우선 이라크 전쟁을 비판하는 목소리가 거셌기 때문입니다. 일각에서는 미국이 석유를 차지하려고 이라크를 침략했다는 비난이 들끓었고 이라크 전쟁이 정당했는가 하는 논쟁은 여전히 계속되고 있습니다. 한편으로 '테러와의 전쟁'은 단순히 이슬람의 한두 국가와 벌이는 게 아니라, 중동의 여러 지역에 흩어져 있으면서 겉으론 존재가 잘 드러나지 않는 이슬람 극단주의 무장 세력과 벌이는 전쟁이라 지금도 끝났다고 볼 수가 없는 것이죠. 최근의 IS가 그 대표적인 예입니다. IS는 이슬람 국가 Islamic State 의 약자로 이슬람 지도자 칼리프 통치하의 이슬람 국가 건국을 목적으로 하는 무장 단체이죠. 이라크, 시리아뿐 아니라 북아프리카로 그 세력을 급속히 확장하면서 세계 여러 곳에서 테러를 자행하고 있습니다.

IS의 적은 서방 세계, 특히 미국이기 때문에 미국은 국내에서 테러가 발생할 가능성을 염려하며 초긴장 상태입니다. 9·11 테러를 경험한 미국인들로서는 또 다른 9·11이 터질까 봐 노심초사할 수밖에요. 과연 미국이 장기전에 돌입한 '테러와의 전쟁'에 어떻게 대응해 나갈지 유심히 지켜봐야 하겠습니다.

● 우리나라 '태정태세문단세······'처럼 미국인들도 자국의 역사를
　암기하나요?

　　미국인들에게 링컨이 몇 대 대통령인지 물어보면 거의 답하지 못
할 겁니다. 링컨 직전이나 직후 대통령이 누구인지 물으면 아예 두 손으
로 머리를 감싸 쥘 테고요. 우리나라는 역사를 다룬 드라마나 영화가 인
기를 끌고 역사에 대한 관심도 높은 편이지요. 하지만 미국에는 역사극
이 거의 없습니다. 한때 유행한 서부 영화도 이제는 그 인기가 사그라들
었죠.

　　상황이 이렇다 보니 미국 연방 정부와 주 정부는 역사 교육을 강화하고
자 여러 노력을 기울입니다. 초·중·고마다 한 학년 동안은 미국사와 세계
사를 배워야 하죠. 그런데도 역사는 인기가 없는 과목이랍니다. 지도자나
법률가가 되려면 역사적 지식과 소양이 대단히 중요하지만, 대다수 미국
인은 역사를 따분하고 어렵고 재미없다고 생각하지요.

　　영어에는 'You are history.'라는 표현도 있습니다. 누군가와 관계를 끊
으려 할 때 '너랑 끝이야.'라는 뜻으로 쓰는 말이죠. 이때 'history'는 이미
지나가 버린 것, 죽은 것, 끝난 것이라는 의미예요. 미국 사람들은 지나간
과거보다 지금이나 앞으로 다가올 미래에 더 관심이 많은가 봅니다.

●   미국은 유럽보다 역사가 짧은데 그에 대한 콤플렉스는 없나요?

우리나라는 단군왕검이 고조선을 세운 10월 3일을 개천절로 지정해 기념합니다. 미국은 7월 4일 독립 기념일을 기념하죠. 그런데 조용하게 보내는 한국의 개천절과는 달리 미국 독립 기념일은 요란 법석한 축제의 날입니다. 대도시는 물론이고 작은 마을에서도 각종 퍼레이드가 열리고 휘황찬란한 불꽃놀이가 밤하늘을 수놓습니다. 이처럼 미국인들은 이날을 즐겁고 행복하게 자축합니다.

미국인들은 대체로 자국 역사에 대해 별다른 콤플렉스를 느끼지 않습니다. 물론 그리스·로마처럼 오랜 역사를 지닌 국가들을 동경하기는 하죠. 남북 전쟁 이전 미국 남부의 저택이나 산업화 시대 자본가들의 집을 보면 그리스·로마 시대의 건축물을 본뜬 게 많습니다. 그만큼 장구한 역사와 풍요로운 문화에 대한 동경을 품고 있는 겁니다. 하지만 미국인들은 역사에 대한 콤플렉스보다 긍지를 훨씬 강하게 느낍니다. 자유와 평등을 최우선으로 생각하는 자국의 민주주의와 세계 초강대국으로 등장한 것을 자랑스럽게 여기는 거예요. 특히 세계 최초로 대통령제를 시행함으로써 세계 민주주의의 한 모델을 제시했다는 자부심이 드높지요. 대통령 생가나 기념관이 미국인들이 즐겨 찾는 주요한 관광지인 까닭도 그래서랍니다.

● 미국에서 사회주의는 왜 성공하지 못했나요?

한때 미국에서도 사회주의 운동이 아주 활발했습니다. 19세기 후반 영국과 독일 등에서 이주해 온 이민자들이 사회주의 운동을 주도했고, 1901년에는 미국 사회당이 공식 창당했죠. 유진 데브스라는 사회당 당수는 1912년과 1920년 대통령 선거에 출마해 돌풍을 일으키기도 했습니다. 공화당과 민주당이라는 전통적인 양당 체제를 무너뜨릴 정도는 못 됐지만, 제3당으로서 만만치 않은 득표를 했습니다. 그 뒤로도 사회주의적 가치를 내세우는 후보가 계속 있어 왔으며 2016년에는 버니 샌더스 상원 의원이 자신을 사회주의자로 지칭하며 민주당 대통령 후보 경선에 나섰죠.

'미국에서 왜 사회주의는 성공하지 못했는가?' 정답을 찾기 어려운 질문입니다. 하지만 크게 두 가지로 설명할 수 있겠군요. 하나는 전통적인 양당 제도입니다. 사회주의자들이 추구하는 이상을 민주당이 어느 정도 당론으로 채택했기에, 진보적 사상을 지닌 사람들이 민주당 지지자로 흡수되는 경우가 많죠. 다른 하나는 이른바 '아메리칸드림'이라는 미국적 이상입니다. 미국인 대다수는 성공은 개인의 몫이며 미국이 충분히 기회를 제공하고 있다고 믿습니다. 최근엔 미국도 빈부 격차가 심각해지는 상황이라서 유럽 국가들처럼 사회주의가 더 강력한 정치·사회적 운동으로 등장할지 궁금해지는 시점입니다.

● 미국 사회의 반전 운동이 궁금합니다.

미국은 전쟁으로 시작해 전쟁으로 세를 확장하면서 강국이 되었다고 해도 과언이 아닙니다. 그런데 거의 모든 전쟁에는 반전 세력이 존재했습니다. 예컨대 식민 상황에서 벗어나려 한 독립 전쟁 때도 상당수가 반대 의견을 폈습니다. 이들을 '왕당파'라고 하는데 뉴욕은 거주민의 50%가 왕당파였을 정도로 그 세력이 만만치 않았죠.

미국에서 반전 운동으로 대표되는 시기는 1960년대와 70년대 초반입니다. 베트남 전쟁 반대 시위가 격렬하게 전개됐죠. 이 시기 반전 운동은 미국 역사에서 매우 중요한 의미를 띱니다. 정부가 국민의 여론을 무시하고 전쟁을 끌고 가는 것을 어렵게 만들었기 때문이죠. 9·11 테러를 계기로 2003년 조지 부시 대통령이 이라크 전쟁을 감행하자, 많은 미국인들이 '베트남을 기억하자.'라고 외쳤습니다. 정당화하기 어렵고 명분도 없는 전쟁을 멈추라고 행정부를 압박했죠. 결국 2008년 전쟁 중단을 약속한 버락 오바마가 대통령에 당선되었고요.

베트남 전쟁 때 미군과 함께 전투에 참가한 유일한 군대가 한국군입니다. 하지만 우리나라는 그 시절 '반전'이라는 말조차 꺼내기 어려웠습니다. 왜냐고요? 박정희 대통령의 독재 정권하에서 누가 감히 나설 수 있었겠어요. 어쩌면 반전 운동은 표현의 자유가 얼마만큼 보장되는지 보여 주는 방증일지도 모릅니다.

프런티어 신화와

신화와

02 ≫

미국

인디언의 터전

인디언의 땅에서 인디언 보호 구역으로

유럽인이 건너오기 전에 아메리카 대륙에는 원래 누가 살고 있었을까요? 네, 아시다시피 인디언이 살고 있었지요. 그런데 여기서 인디언이라는 용어부터 짚고 넘어갈 필요가 있겠네요. 1492년 콜럼버스가 아메리카 대륙을 발견했을 때 그곳을 인도, 영어로 '인디아'로 생각했기에 거기 살던 원주민을 '인디언'으로 불렀습니다. 즉 인디언은 착각 때문에 붙여진 이름이죠. 인도인과 미국 원주민은 인류학적으로나 지리적으로나 아무런 연관이 없으니까요.

그래서 한때 인디언이라는 이름을 없애자는 움직임도 있었습니다. 그 대신 아메리카 토착민, 즉 미국 원주민이라는 뜻에서 네이티브 아메리칸 Native American 으로 불렀고, 지금도 법률 문헌 등 공식적인 용어로는 이렇게 씁니다. 하지만 관용적 표현은 쉽게 고쳐지지 않는 것이라 여전히 인디언이라는 호칭도 쓰이고 있죠. 원주민 중엔 자기 부족 고유의 명칭으로 불리기를 원하는 사람도 있지만, 오늘날 대다수 원주민들은 이 호칭을 받아들이고 있습니다.

그런데 인디언은 누구고 언제 어디서 어떻게 아메리카 대륙에 들어와 정착했을까요? 굳어진 정설은 없습니다. 가장 유력한 가설은 약 2만 년 전에 시베리아 부근에서 떠돌던 몽골족이 알래스카로 연결되는 베링 해협을 건너서 북아메리카로 왔다는 것입니다. 인디언은 몽고점을 가지고 태어나기 때문에 몽골족의 후손이라고 봅니다. 그렇다면 인디언은 우리의 먼 친척일지도 모르겠군요.

북아메리카
인디언들의 문화

지금의 페루에 번성했던 잉카 문명이나 중앙아메리카에 있었던 아즈테카 왕국, 마야 문명 등은 널리 알려져 있습니다. 하지만 미국 인디언 문명에 대해선 여러분도 들어 본 바가 별로 없을 거예요. 이는 미국 인디언의 문명이 열등해서가 아닙니다. 워낙 여러 부족으로 이루어져 있다 보니 미국 영토 전역에 흩

아메리카 대륙에 살고 있던 다양한 인디언 부족의 모습.

어져 살면서 하나로 묶을 수 없는 다양한 문명을 구축했기 때문이죠.

사실 인디언을 하나의 인종, 단일한 문화권으로 묶으려는 것이 잘못된 발상이죠. 유럽인들은 북아메리카에 진출한 이래 여러 인디언과 전쟁을 벌여 승리합니다. 그 배경으로 인디언들이 서로 협력해서 대항하지 않았다는 점이 지적되는데, 이것은 인디언이 얼굴과 피부색 등으로 보아 하나의 인종이니 당연히 한 민족으로서 결집했어야 한다는 잘못된 전제가 적용한 해석입니다. 인디언은 부족마다 독특한 생활 방식과 문화를 지니고 있었고, 언어도 다 달랐으니까요. 인디언의 눈으로 보면 같은 대륙에 살며 생김새도 비슷한 유럽인이 왜 저마다 다른 언어와 종교를 지니며 그렇게 서로를 싫어하는지 이해할 수 없는 것과 마찬가지죠.

수천 개의 소규모 부족으로 나뉘어 여러 언어와 문화를 지니고 있었던 인디언의 문명을 한마디로 정리하기란 불가능합니다. 하지만 몇 가지 면에서 인디언 문화의 공통점을 찾을 수 있습니다. 이런 공통점은 유럽 문화의 특징과 대비되기에 유럽인과 인디언 사이의 문화적 충돌을 이해하는 데 중요하지요.

첫째는 종교적 부분입니다. 어떤 종족이든 섬기는 신이 있습니다. 이를 토속 신앙 또는 민간 신앙이라고 하는데 인디언들은 수많은 신을 모시고 있었죠. 태양, 달, 산, 바위, 큰 나무, 강, 호수 등 자연물을 그들의 신으로 섬긴 것입니다. 유럽인들이 기독교라는 일신교를 가진 것과 달리 인디언의 종교는 다양한 신을 믿는 다신교라 할 수 있습니다.

둘째는 토지에 관한 생각과 태도이죠. 이것은 종교적인 면과도 상통하는데, 인디언들은 토지를 사유 재산으로 보지 않았습니다. 숭배의 대상이자 공동체의 생존을 위해 다 함께 경작해야 할 땅으로 보았죠. 유럽인들이 토지를 사유 재산으로 보았던 것과 정반대됩니다. 유럽에선 토지의 유무, 토지 재산의 크기에 따라 사회적 계급이 결정됐지만 인디언 사회에서는 그러지 않았죠.

유럽인과 인디언의 이러한 문화적 차이는 물리적 충돌을 부추기는 보이지 않는 배경이 되었습니다. 물론 충돌의 원인이 문화적 차이에만 있었던 것은 아니지만, 유럽인들이 인디언의 문화를 원시적이고 열등하다고 여기면서 갈등은 더욱 깊어지고 말았죠.

포카혼타스의
환상이 가린 진실

그런데 유럽 이주민과 아메리카 대륙의 인디언이 처음 대면하는 과정이 대립으로만 점철되었던 것은 아닙니다. 청교도의 분파이자 뉴잉글랜드 지역에 최초로 정착한 필그림과 인디언의 이야기를 살펴보죠. 필그림은 1620년 이주 첫해에 혹독한 정착기를 거쳤습니다. 그리고 그 해 가을 왐파노아그 부족 인디언들을 초대해서 추수 감사 축제를 벌였죠. 이것이 오

처형 직전의 영국인 존 스미스를 구해 주는 포카혼타스. 만화 영화 「포카혼타스」에서도 다뤄진 장면이나 실제 있었던 일인지는 분명하지 않다.

늘날 크리스마스와 함께 미국의 최대 명절로 꼽히는 추수 감사절Thanksgiving Day의 유래입니다.

유명한 폰카혼타스 일화도 있습니다. 포카혼타스는 지금의 버지니아 지역에 살고 있던 포우하탄 부족 추장의 딸로서 버지니아에 정착한 영국인들과 포우하탄족의 평화 유지에 지대한 공헌을 했고, 영국인 존 롤프와 결혼했습니다. 포카혼타스 이야기는 디즈니의 만화 영화로도 만들어져서 널리 알려졌죠.

하지만 이런 일화는 예외적인 것으로서 현실과는 거리가 꽤 있습니다. 현실은 더 많은 땅을 차지하려는 유럽인과 그 땅을 지키려는 인디언 사이에 끊임없는 전쟁이 벌어졌다는 것이니까요. 총과 화약으로 무장한 유럽인에게 칼과 화살로 맞서야 했던 인디언은 적수가 되지 못했습니다. 오랜 전쟁과 질병으로 인디언 부족들은 살아남기가 어려워졌죠. 1637년 영국인과 치른 대규모 전쟁에서 피쿼트족이 전멸했고 위에서 예로 든 포우하탄족도 비슷한 길을 걸었습니다. 추수 감사절에 초대받은 인디언이나 포카혼타스와 같은 신데렐라 이야기가 인디언의 아픈 역사를 덮어서는 곤란합니다.

그 많던 인디언들은 어디로 갔을까?

수많은 인디언들이 토지를 향한 유럽인들의 욕망에 희생되었고, 살아남기 위해 서부로 이주할 수밖에 없었습니다. 이주하지 않으려는 인디언들은 미국 정부에 의해서 강제로 인디언 특별 구역으로 옮겨졌습니다. 1830년에 앤드루 잭슨 대통령이 인디언 이주법을 채택하면서 동부에 남아 있던 대다수 인디언들이 현재의 오클라호마에 위치한 인디언 특별 구역으로 강제 추방되고 말았던 거죠. 이것이 오늘날 '인디언 보호 구역'의 유래입니다.

인디언 보호 구역은 기본적으로 인디언을 특정한 지역에 가둬두기 위한 제도입니다. 만약 여기에 어떤 긍정적인 면이 있다면,

백인들의 방해와 침탈에서 벗어나 인디언만의 독립된 생활 공간을 보장받고 고유한 문화와 전통을 지킬 수 있다는 것이겠죠.

그런데 19세기 후반에 인디언 보호 구역에 변화의 바람이 몰아쳤습니다. 1887년 미국 의회가 '인디언 일반 토지 할당법'을 통과시켰기 때문이죠. 이 법의 주된 내용은 보호 구역에 사는 인디언에게 개인별로 토지를 할당하겠다는 것입니다. 언뜻 보면 괜찮은 정책 같죠? 인디언 개개인에게 무상으로 토지를 주고 사유 재산의 개념을 알려 미국인과 문화적 동질성을 확보하겠다는 뜻이니 말입니다.

하지만 이 법은 인디언 사회를 황폐화시키고 말았습니다. 인디언은 전통적으로 토지를 부족 전체가 공유하는 것으로 보았기에 토지의 사유화는 곧 인디언의 문화와 조직 체제를 근본부터 뒤흔들게 됩니다. 게다가 전부터 보호 구역의 땅과 자원에 눈독을 들이던 백인 투기꾼들도 나타나 보호 구역은 심하게 훼손되고 말았죠.

다행히 1934년 프랭클린 루스벨트 대통령은 이 법을 폐기하고, 인디언 보호 구역에 자치권을 부여해 인디언들이 스스로 전통과 문화를 지켜 나갈 수 있도록 했습니다. 그래서 지금까지 인디언 보호 구역의 자치권과 문화적 고유성이 지켜질 수 있었습니다.

현재 미국에는 310개의 인디언 보호 구역이 있고, 대부분은 미시시피 강 서쪽에 자리하고 있습니다. 미국에 남아 있는 550여 개

그랜드 캐니언의 장대하고 아름다운 풍경.

인디언 부족 중 절반 정도가 이러한 보호 구역에서 지내고 있죠.

미국 서부의 대표적인 관광지인 그랜드 캐니언*을 여행하다 보면 나바호 인디언들이 길가에서 직접 만든 공예품과 특산품을 파는 장면을 목격할 수 있을 겁니다. 햇볕에 그을리고 주름진 인디언들이 전통 의상을 입고, 작열하는 태양 아래 붉은 토양과 아름다운 캐니언을 배경으로 관광객을 맞이하는 모습은 한 장의 예술 사진과 같습니다. 하지만 그 뒤에 가려진 인디언의 쓸쓸한 과거를 생각하면 기분이 참 묘해집니다. 미국을 여행할 기회가 있으면 꼭 인디언 보호 구역을 방문해 보세요. 그래서 화려함 속에 감춰진 미국 문명의 어두움 또한 곱씹어 보기를 바랍니다.

● 콜로라도 강과 바람의 침식 작용에 의해 만들어진 거대한 협곡. 웅대한 절벽과 다양한 색깔의 암석이 장관을 이루어 관광지로 손꼽히며, 여러 시질 언대에 걸쳐 형성된 지층이 그대로 드러나 있어 학술적 가치도 높다.

지리

숙명적 팽창

13개 주에서 50개 주로

미국은 아주 넓은 나라입니다. 면적 계산법에 따라 중국과 순위가 바뀌기도 하지만, 대체로는 러시아와 캐나다에 이어 세계에서 세 번째로 넓은 나라로 꼽히지요. 더욱이 사람이 실제 거주하기에 적합한 영토만을 따지면 가장 큰 나라라고도 할 수 있습니다. 러시아는 국토의 70%가 혹독한 냉대 기후에 놓인 시베리아고, 캐나다는 국토의 절반 이상이 춥고 고립된 북극 지대이기 때문이죠.

동부 해안 지역의 13개 주로 시작한 미국은 이제 무려 50개 주와 수도인 워싱턴 D.C. 특별구로 이루어져 있습니다. 성조기에

그려진 희고 붉은 줄이 최
초의 13개 주를 가리키고,
그 왼편에 그려진 별은 오
늘날 50개 주를 표현합니
다. 미국은 새로운 주가 생
기면 그다음 독립 기념일

성조기

에 성조기의 별을 추가해 그립니다. 약 150년 만에 한 국가의 영
토가 이렇게 확장된 경우는 역사에서 찾아보기 어려울 것입니다.
발해와 만주까지 포함해 한때 상당히 큰 영토를 누렸으나 점차
줄어들었고, 지금은 한반도마저 두 동강이 난 우리의 운명과는
참으로 대조적이지요.

　사람이 살 수 있는 가장 큰 영토를 소유한 미국이 세계에서 가
장 부유하고 힘 있는 나라가 된 것은 어쩐지 숙명처럼 보이지 않
나요? 실제로 미국인들은 자국 영토가 지속적으로 확장된 것을
'명백한 운명'이라고 부르며 숙명으로 받아들입니다. 하나님이
미국에 허락한 운명이라고 믿었던 것입니다.

　이러한 믿음이 미국 팽창의 원동력이었습니다. 사람들은 대개 국
경을 정체적이고 방어적인 개념으로 생각합니다. 각 나라는 국경
선을 긋고 그 선을 지키기 위해서 고군분투하죠. 하지만 미국인들
은 국경을 정해진 것이 아니라 유동적인 것으로, 지켜야 하는 방어
선이 아니라 그 경계 너머로 확장하는 출발선으로 생각했습니다.

지리

　　　그렇다고 영토를 넓히려는 시도가 언제나 지지받았던 것은 아닙니다. 건국 초기 미국인들 대다수는 안정된 생활을 원했습니다. 13개 주만 해도 결코 작은 면적이 아니었습니다. 서부로 영토를 확장한다면 우선 인디언과의 대결이 불가피했고, 미시시피 강과 그 주변 땅의 소유권을 쥔 스페인, 프랑스와도 부딪칠 수밖에 없었습니다. 정치나 군사 면에서 아직 과도기에 있던 미국이 섣부르게 영토 확장을 꾀했다가는 어렵게 얻은 독립을 위협받고 우여곡절 끝에 출범한 연방 정부 또한 위태로워질 소지가 다분했지요.

　하지만 미국은 이민자의 나라입니다. '아메리칸드림'을 꿈꾸며 유럽에서 건너온 이민자들은 새로운 땅을 원했습니다. 그들이 서부의 광활한 땅을 그냥 보고만 있을 리 없었죠. 미국은 식민지 시대부터 국가보다는 민간인이 주도적으로 토지를 개척해 왔기 때문에 연방 정부가 이민자들의 서부 개척 열망을 막기에는 명분도 약하고 방법도 없었습니다. 미국인들은 순식간에 대륙의 중심부를 가르는 미시시피 강 유역까지 진출하고 정착했습니다.

　하지만 그 이상은 어려워 보였습니다. 아마존 강과 나일 강, 양쯔 강에 이어 세계에서 네 번째로 긴 강인 미시시피 강이 버티고 있었기에 강 너머로 나아가기엔 쉽지 않았기 때문이죠. 누가 보

오늘날 위스콘신 주의 미시시피 강변 풍경. 미시시피 강은 미국 중서부를 남북으로 관류하며 미국에서 가장 긴 강이다.

아도 미시시피 강은 미국의 서부 국경선이었습니다.

그런데 1803년 미국 팽창에 있어 결정적인 사건이 발생합니다. 3대 대통령 토머스 제퍼슨이 루이지애나 영토를 프랑스에게서 사들인 것입니다. 루이지애나 영토는 당시 미국 영토 면적의 2배가 넘는 데다 중서부의 젖줄인 미시시피 강을 포함하고 있어서 미국으로서는 엄청난 행운을 얻은 셈이죠. 루이지애나를 매입함으로써 미국은 지금의 미네소타, 위스콘신, 아이오와, 캔자스, 미주리, 오클라호마 등 무려 10개의 주를 확보할 수 있었습니다. 더욱이 루이지애나 영토는 훗날 미국이 캘리포니아, 오리건, 텍사스, 뉴멕시코 등 남서부에 진출해 이들 땅을 합병하게끔 하는 발판이 되어 주었으니 얼마나 큰 행운입니까.

제퍼슨은 독립 선언문을 작성해 미국 독립의 이념적 초석을 다졌고, 루이지애나를 사들임으로써 대륙 팽창의 기반을 닦았으니 가히 국가적 영웅이라 할 수 있겠네요. 당시 프랑스를 통치했던 나폴레옹이 여러 가지 국내외 문제로 루이지애나를 미국에 팔아 버린 것이긴 하지만,° 절호의 기회를 놓치지 않은 제퍼슨의 혜안을 과소평가할 수 없겠죠.

그런데 지금으로선 잘 이해되지 않지만, 제퍼슨이 루이지애나 매입을 시도하자 의회에서 극렬한 반대가 일었습니다. 영토가 늘어나면 자신들의 기득권이 줄어들까 봐 우려한 의원들이, 대통령이 헌법에도 없는 권한을 남용해 쓸데없이 거대한 땅을 사려 한다며 반대하고 나선 것이죠.

제퍼슨은 왜 이런 반대를 무릅쓰고 루이지애나 영토를 사들였을까요? 그는 독립 선언문의 핵심 사상으로 자유를 들었듯 평생 자유를 추구했던 사람으로서 광활한 서부 영토가 미국에 꼭 필요하다고 보았습니다. 상업 경쟁과 물질주의에 젖은 동부의 미국인들이 도시를 떠나 서부의 땅으로 이주해서 정직한 땀을 흘릴 때 미국 민주주의의 토대가 군건히 다져질 수 있다고 믿었던 것이죠.

제퍼슨에게 국가의 운명이란 정해진 것이 아니라 만들어 나가는 것이었습니다. 누구도 미국인들이 미시시피 강 서쪽 너머까지

● 나폴레옹은 루이지애나를 중심으로 북미 대륙에 프랑스 식민지를 구축하려는 야망을 품기도 했으나 우선적인 관심은 유럽 지배에 쏠려 있었다. 영국과의 전쟁을 위해 재정이 필요해지자 루이지애나를 1500만 달러라는 헐값에 팔게 된다.

닿으리라 상상하지 못했을 때, 제퍼슨은 자신의 신념에 따라 과감한 선택을 했지요. 한 지도자의 신념과 선택이 국가의 운명에 얼마나 중요한 영향을 끼치는지 잘 보여 주는 대목이라 하겠습니다.

미국의 영토가 된
텍사스

지금의 미국 영토 절반 이상이 루이지애나 매입으로 확보되었다면 그 나머지는 전쟁으로 얻어졌습니다. 1846년부터 2년간 미국은 멕시코와 전쟁을 벌입니다. 전쟁이 발발한 이유는 다양하지만, 근본적인 원인은 그칠 줄 모르는 미국인들의 영토 팽창 욕구에 있었습니다.

멕시코는 1821년 스페인에서 독립했지만, 안정된 독립 국가로 자리 잡지 못하고 혼란을 겪고 있었습니다. 그사이 상당수의 미국인들이 멕시코와 미국의 접경지대인 텍사스로 이주하기 시작했죠. 루이지애나 매입을 계기로 서부로 팽창하던 미국인들이 멕시코 영토인 텍사스로도 넘어간 겁니다. 처음에 멕시코 정부는 미국인의 이주를 장려했습니다. 불모지였던 텍사스를 개발하려면 미국인과 그들의 투자가 필요했기 때문이죠. 그러나 갈수록 늘어나는 미국인 이주민들은 멕시코 정부를 긴장하게 만들었습니다. 미국인들은 멕시코인들이 자신보다 열등하고 미개하다고 생각하며 정부의 지배를 받지 않으려 했거든요.

멕시코와의 전쟁 소식을 접한 미국인들을 익살스럽게 표현한 그림.

결국 1835년 텍사스에 거주하던 미국인과 멕시코군 사이에 전쟁이 터지고 말았습니다. 다음 해 4월 21일, 텍사스 미국인들은 멕시코 대통령 산타 안나를 포로로 붙잡아서 텍사스의 독립을 인정하고 멕시코군을 철수시킬 것을 요구했습니다. 이렇게 해서 텍사스 공화국이 탄생했고, 전쟁 영웅인 샘 휴스턴이 초대 대통령이 되었습니다. 오늘날 텍사스 주에서 가장 큰 도시인 휴스턴은 그를 기념하며 붙인 이름이죠.

대부분 미국인으로 구성된 텍사스인들은 당연히 미국 연방에 복속되길 원했지만, 그 후로도 10년간 텍사스는 독립 공화국으로 남아 있게 됩니다. 당시 미국은 노예 제도를 놓고 남부와 북부가 심각한 갈등을 겪고 있었기에 텍사스라는 남쪽 지역의 큰 땅이 미국에 들어오면 남과 북의 세력 균형에 금이 갈 것이 우려됐고, 이에 의회가 텍사스 합병을 거부한 거죠.

하지만 1846년 미국의 운명은 대륙 팽창에 있다는 '명백한 운명'이 시대적 외침이 되면서 텍사스는 마침내 미국 영토로 합병되었습니다. 이때 미국은 사소한 국경선 문제를 트집 잡아 멕시코와 전쟁을 벌였고, 2년간의 전쟁에서 일방적으로 승리를 거두었습니다. 텍사스 합병은 물론이고 캘리포니아와 뉴멕시코라는 광대한 지역까지 미국의 영토가 되는 순간이었습니다. 캘리포니아를 비롯해 지금의 네바다, 유타, 콜로라도, 애리조나, 뉴멕시코가 여기에 속합니다. 이곳은 스페인의 식민지를 거쳐 멕시코 땅이 되었다가 결국 미국 남서부의 영토가 되었습니다. 그래서 이 지역에는 스페인 지명이 많습니다. 예를 들면, 로스앤젤레스는 스페인어로 '천사의 도시'라는 뜻의 로스 앙헬레스Los Angeles에서 유래했고, 샌프란시스코는 성 프란시스코San Francisco에서 유래했죠.

서부 개척

프런티어 신화

미국인들은 서부를 '프런티어'frontier 라고 합니다. 프런티어의 사전적 의미는 변경 지대로, 나라의 경계가 되는 변두리의 땅을 말하죠. 그러나 미국 역사에서 프런티어는 개척해야 할 미지의 변경이라는 의미가 강합니다. 그리고 그런 개척 정신을 '프런티어 정신'이라고 합니다. 이는 한곳에 정착하는 데 만족하지 않고 국경을 계속 확장해 가는 용기와 진취적 태도를 상징하죠. 미국 문명의 독특함을 보여 주는 미국적 용어이자 개념으로 볼 수 있습니다. 미국처럼 프런티어라는 말을 편하게 사용하는 국가는 거의 없습니다. 가령, 우리가 만주 벌판을 '만주 프런티어'라고 부른다고 가정해 보세요. 우리나라 국경 너머에 있는 만주 땅을 개척해야 할 영역으로 보면서 영토 확장의 야욕을 드러낸다고 해석될 겁니다. 프런티어가 풍기는 뉘앙스를 알겠지요?

미국 문명을 이해하는 중요한 열쇠 '프런티어'

프런티어와 그 정신은 미국 문명을 이해하는 매우 중요한 열쇠입니다. 미국 학생들은 마크 트웨인®의 『톰 소여의 모험』이나 『허클베리 핀의 모험』 등을 읽으면서 용기와 인내, 진취성으로 대표되는 프런티어 기질을 배우며, 「오케이 목장의 결투」와 같은 서부 영화를 통해 조상들의 정신을 되새깁니다. 1960년대에 존 F. 케네디 대통령은 인종 차별 철폐, 고도 경제 성장 실현 등을 목표로 하면서 '뉴 프런티어'New Frontier라는 용어를 사용했습니다. 이 시기에는 달 탐사 등 우주 개발도 매우 활발히 이루어졌죠. 이처럼 미국인들은 수시로 프런티어 정신을 강조하며 그들의 정체성을 찾으려고 합니다.

세계 최강국으로 성장한 미국의 뿌리를 알아보려면 자연환경과 같은 외형적인 조건도 살펴봐야 하지만, 미국인의 내면에 어떠한 정서와 의지가 깔려 있는지도 연구해 봐야 합니다. '프런티어 신화'는 곧 미국의 신화라고 할 수 있을 정도로 미국의 정체성을 읽는 중요한 열쇠이지요.

● 미국의 소설가. 『톰 소여의 모험』과 『허클베리 핀의 모험』은 서부 개척 초기인 1800년대 미시시피 강변을 배경으로 소년 허크와 톰, 그리고 흑인 노예인 짐을 등장시켜 이야기를 펼친다. 이들은 자신을 옭아맨 속박에서 벗어나기를 꿈꾸며 미개척지를 모험한다.

그런데 우리나라의 단군 신화처럼 보통 한 나라의 신화라 하면 민족적으로 전승되어 온 허구적인 내용을 떠올리기 쉽습니다. 미국의 프런티어 신화도 역사적 사실과는 거리가 먼, 만들어진 얘기일까요?

루이스와 클라크, 서부 개척의 초석을 닦다

프런티어 정신은 미국 역사와 함께 태어났다고 볼 수 있습니다. 앞서 설명했듯 식민지 시대부터 미국은 정부보다는 민간인 주도로 개척이 이루어졌으니까요.

1803년 루이지애나 영토 매입을 계기로 이제 정부 차원에서 적극적인 프런티어 개척이 시도되었습니다. 이것도 엄밀하게 얘기하면 정부 차원이라기보다는 제퍼슨이 대통령 직권으로 실행에 옮긴 것에 가깝지만요. 제퍼슨은 자신의 개인 비서였던 메리웨더 루이스에게 태평양 연안까지 서부를 탐사할 것을 명령했습니다. 루이스는 조력자로 윌리엄 클라크를 선택했고, 이들은 48명의 대원과 함께 험준한 서부 탐사를 수행했습니다. 이것이 널리 알려진 '루이스 클라크 탐사'입니다.

이들 탐사대는 2년 동안 각 지역의 동식물 생태계, 지리, 천연자원, 그리고 인디언들에 관한 다양한 정보를 수집했습니다. 루이스 클라크 탐사 덕에 미국은 태평양 해안까지 이르는 '오리건

행로'를 닦았고, 이는 서부 개척의 초석이 되었습니다. 즉 이때 서부 팽창의 이정표가 세워졌다고도 볼 수 있지요.

그런데 루이스 클라크 탐사가 아메리카 대륙을 최초로 탐험한 시도는 아닙니다. 이전에도 북아메리카 대륙 횡단을 시도한 사람이 있었거든요. 1793년 영국의 알렉산더 매켄지 경이 몬트리올에서 오대호˙를 거쳐 태평양까지 탐사하고, 그 기록을 책으로 펴냈습니다. 하지만 매켄지의 탐사는 영국 정부와 영국인들로부터 별 반응을 얻어 내지 못했고, 미국에서도 마찬가지였죠. 루이스 클라크 탐사가 시작되기 불과 10년 전의 일이었는데도 말입니다.

그사이 미국인들의 서부에 대한 인식에 어떠한 변화가 있었던 것일까요? 그렇지는 않습니다. 여전히 미시시피 강 서쪽 너머로 진출할 생각을 품은 미국인은 아주 적었고, 캘리포니아와 같은 태평양 연안은 그저 상상 속의 지역에 불과했죠.

그 상상 속의 지역을 역사적인 사실로 만든 이가 토머스 제퍼슨이었습니다. 대다수 미국인의 지리관이 미시시피 강 동쪽에만 머물러 있을 때, 제퍼슨은 과감하게 상상 속의 서부를 미국의 현실로 만들어 낸 것입니다.

서부 영화의 주인공
카우보이

프런티어 신화에서 빠질 수 없는 이미지는 카우보

● 오늘날 미국과 캐나다의 국경 지역에 있는 5개의 호수인 슈피리어 호, 미시간 호, 휴런 호, 이리 호, 온타리오 호를 말한다.

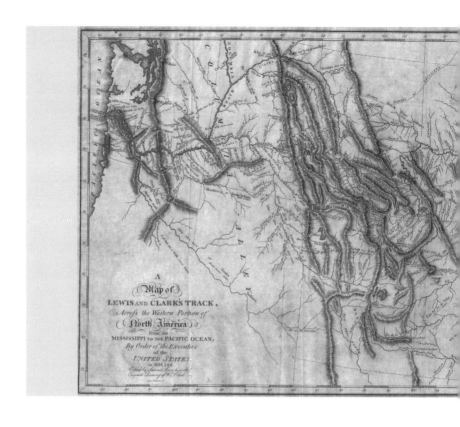

이입니다. 서부 영화에 자주 등장하는 카우보이는 어느새 미국의
정신을 대변하는 이미지로 자리 잡았습니다. 미국에서 대통령 선
거 때마다 후보들이 카우보이모자를 즐겨 쓰는 이유도 자신이 가
장 미국적 가치에 충실한 후보라고 홍보하기 위해서죠. 카우보이
는 자유분방함과 모험주의, 정의감 등 미국인의 기질을 상징하는

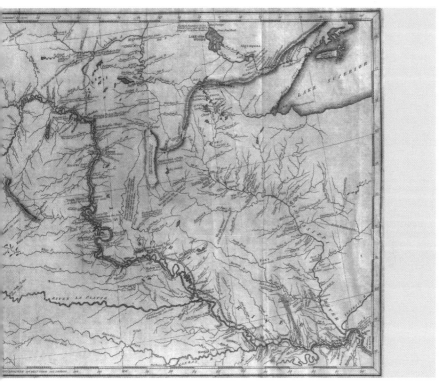
서부의 미주리 강과 로키 산맥 등을 처음으로 정확히 묘사해 낸 루이크 클라스 탐사대의 지도.

화려한 서부 개척의 선구자로 추앙받고 있습니다.

하지만 '카우보이'cowboy란 말은 글자 그대로 소를 돌보는 사람입니다. 좀 더 직설적으로 표현하면 '소몰이꾼'이죠. 똑같은 의미인데도 카우보이와 소몰이꾼은 뉘앙스가 다르죠? 카우보이가 자유롭고 화려한 초원의 기사 같은 이미지라면 소몰이꾼은 메마르

1880년대 미국 카우보이의 모습.

고 고독한 황야의 악조건 속에서 소 떼를 몰아야 하는 육체 노동
자 같은 이미지를 연상시킵니다. 실제 모습에 가까운 쪽은 사실
후자입니다.

　그런데 왜 이런 소몰이꾼이 남북 전쟁 후 갑작스럽게 늘어났을
까요? 남북 전쟁을 겪으면서 미국인의 식단에 큰 변화가 생겼기
때문입니다. 바로 비프스테이크가 대중화된 것이죠. 원래 비프스
테이크는 고열량이 필요한 뉴욕의 노동자 계층이 먹던 음식이었
는데 전쟁을 치르면서 다른 지역에도 알려졌습니다. 전쟁 후 산
업 혁명과 함께 인구가 늘어나자 비프스테이크의 수요가 급증하

고, 이에 따라 텍사스, 오클라호마, 캔자스 등 중남부 지역에서 목축업이 성행하게 됩니다. 카우보이 대부분은 이들 '목축 왕국'의 대기업이나 부유한 투자자들에게 고용된 임금 노동자일 뿐이었습니다.

이들은 저임금의 고된 노동을 해야 했죠. 소를 모는 일은 힘들고 거칠었습니다. 외딴 황야에서 수많은 소 떼를 관리해야 했고, 먹는 것이나 자는 것 등 노동 조건은 최악이었습니다. 무엇보다 카우보이들은 지긋지긋한 고독과 싸워야 했습니다. 소 떼가 팔리고 임금을 받으면 상당수 카우보이들은 읍내에 나가 술과 여자와 도박에 수입을 탕진하기 일쑤였죠.

카우보이는 대부분 문맹에 독신이었습니다. 카우보이라는 직업은 주로 안정된 일자리를 얻기 힘든 사람들이 선택하는 일이었으니까요. 멕시칸과 흑인의 비중도 높았습니다. 멕시칸 혹은 흑인 카우보이라니, 뭔가 어색하지 않나요? 그러나 이는 엄연한 역사적 사실입니다. 미국의 영화나 소설 등에서 백인 카우보이만 도드라지면서 이들 소수 민족이 가려져 왔을 뿐이죠.

카우보이는 어떻게 미국의 영웅이 되었을까

그렇다면 어떻게 이러한 카우보이가 미국의 영웅으로 추앙받고, 카우보이 신화가 미국의 상징적 신화로 자리매김하게 되었을까요?

사람들은 뭔가 불안정할 때 영웅을 찾습니다. 19세기 후반 미국은 급격한 산업 혁명을 겪으면서 도시화가 빠르게 진행되었고, 물질 만능주의가 팽배해졌습니다. 이민 인구가 늘어나면서 문화적 충돌도 빈번해진 탓에 사회 분위기가 매우 어수선했지요. 미국인들은 차츰 전원적이고 목가적이며 자기만의 개성과 자유를 만끽할 수 있는 삶을 동경하기 시작했습니다.

그리한 미국인의 시야에 카우보이가 새로이 들어온 겁니다. 카우보이가 실제로 어떻게 생활하는지 잘 몰랐던 현대 미국인들은 말을 타고 채찍을 휘두르면서 황야를 누비는 카우보이를 우상으로 만들었습니다. 처음에 카우보이는 주로 소설에 등장했지만, 20세기 초 할리우드에서 서부 영화˚가 인기를 끌자 미국의 대중적 영웅으로 부상하게 되었죠. 할리우드 얘기는 4부 '문화·생활'에서 더 살펴보기로 하죠.

● 광활한 미국 서부를 배경으로 무법적 총잡이와 보안관, 인디언 등이 등장하는 영화 장르. 낭만과 자유, 모험심을 표현하면서 큰 인기를 끌었다.

캘리포니아

골드러시에서 실리콘 밸리까지

"무엇이든지 캘리포니아에서 시작되면 불행히도 다른 지역으로 전파되기 십상이다." 미국 39대 대통령 지미 카터의 말입니다. 카터 대통령은 캘리포니아 문화를 그다지 좋아하지 않았나 봅니다.

그도 그럴 것이 청교도적 보수주의자의 시각에서 보면 캘리포니아는 물질 만능주의의 상징이요, 온갖 저속한 문화의 온상입니다. 또한 미국에서 이민자와 동성애자가 가장 많이 거주하는 지역이며, 악명 높은 폭력 조직들의 근거지로도 알려져 있죠.

하지만 그와 동시에 캘리포니아는 자유롭고 풍요로운 땅, 아메리칸드림을 상징하는 환상의 지역이기도 합니다. 따사로운 햇살, 아름다운 해안, 천혜의 자연과 함께 세계 영화 산업의 수도인 할리우드가 있으며, 구글과 애플 등 IT 산업의 메카 실리콘 밸리가 있습니다. 지금도 많은 이들이 캘리포니아에 가면 뭔가 좋은 일이 생길 것이라 기대하며 무작정 이곳으로 향합니다. 국경을 접한 멕시코 사람들은 더욱더 그러지요. "여긴 분명 천국 아니면 지옥일 거야!" 1970년대 최고의 록 밴드 이글스의 대표 곡인 「호텔 캘리포니아」에 나오는 가사입니다. 캘리포니아의 두 얼굴을 잘 보여 주는 가사이죠.

미국에서 가장 인구가 많은 주

현대 미국은 캘리포니아를 빼놓고 논할 수 없습니다. 캘리포니아는 남한의 4배가 넘는 크기로 미국에서 인구가 가장 많은 주입니다. 이는 곧 가장 많은 연방 의원을 확보하고 있다는 얘기죠. 인구 비례로 할당하는 하원에 캘리포니아는 무려 53명의 의원을 보냅니다. 몬태나를 포함해서 7개 주는 단 1명의 의원만 연방 하원에 보내니, 이와 비교하면 캘리포니아의 정치적 입김이 얼마나 센지 짐작할 수 있겠죠. 게다가 경제 수준도 미국에서 가장 높습니다. 만약 캘리포니아가 미국 연방에서 떨어져 나와 독립하면 세계 11위의 경제 규모를 갖춘 국가가 된다고 하니,

캘리포니아 주 샌프란시스코의 상징인 골든게이트교. 우리나라에는 금문교라고도 알려져 있다.

미국뿐 아니라 세계 경제에서 캘리포니아의 위상이 얼마나 높은 지 이해할 수 있겠죠.

　그래서 캘리포니아는 미국을 보여 주는 단면이라고 합니다. 정 치, 경제, 문화 등 모든 면에서 캘리포니아는 미국을 이해하는 중 요한 지역입니다.

지리

골드러시와
캘리포니아의 성장

　　1848년 1월 24일 캘리포니아와 미국의 역사를 뒤흔드는 사건이 발생했습니다. 샌프란시스코 동쪽에 위치한 새크라멘토에서 금이 발견된 것입니다. 이른바 '골드러시'gold rush로 캘리포니아는 순식간에 금을 찾는 사람들로 북적이게 되었습니다. 미국 전역에서 30만 명의 사람들이 캘리포니아로 몰려왔습니다. 이들을 '포티나이너스'forty-niners 라고 합니다. 캘리포니아행 이주가 본격적으로 시작된 1849년을 가리키는 이름이죠. 이를 기념해서 현재 샌프란시스코 미식축구팀 이름이 포티나이너스입니다.

　멕시코와 벌인 전쟁으로 미국의 영토가 된 후에도 캘리포니아는 미지의 지역으로 남아 있었습니다. 캘리포니아가 미국 문명의 실질적인 부분이 되기 위해서는 민간인의 이주를 끌어들이는 새로운 계기가 필요했는데, 그 시점에서 바로 금이 발견된 것입니다. 그러고 보면 미국은 참 운이 좋은 나라입니다. 스페인과 멕시코의 영토일 때는 금 쪼가리 하나 발견되지 않다가 미국의 영토가 되면서 바로 금이 발견되었으니 이런 행운이 어디 있습니까.°

　금이란 사람들을 미치게 하는 마력을 지녔나 봅니다. 횡재를 노리는 수많은 사람들이 캘리포니아로 향했습니다. 미시시피 강에서 캘리포니아에 이르는 땅을 횡단해야 하는 험난한 여정도 고통 뒤에 찾아올 일확천금의 희열에 비하면 아무것도 아니었죠.

● 골드러시를 계기로 조용한 개척지였던 캘리포니아에 도로와 마을이 형성되었고, 금과 현금이 돌면서 수송업과 금융업도 발달했다. 정부와 법률 체계가 확립되며 1850년 캘리포니아는 미국의 서른한 번째 주로 승격했다.

새크라멘토에 있는 웰스 파고 역사박물관의 전시물. 골드러시의 자취를 느낄 수 있다.

그래서 포티나이너스를 비롯한 캘리포니아 이주자들은 미국 물질주의, 한탕주의, 개인주의, 모험주의 등을 대표한다고 볼 수 있습니다. 미국인뿐 아니라 전 세계에서 금 소식을 듣고 몰려든 사람들로 캘리포니아는 '세계 인종 시장'이 되었고, 여기에 멕시코인과 중국인도 큰 부분을 차지했습니다.

이렇게 모여든 사람들은 일확천금을 꿈꾼다는 점에서는 비슷했지만, 인종, 종교, 문화, 언어는 모두 달랐습니다. 그 탓에 편견과 증오가 각양각색의 모습으로 드러났습니다. 캘리포니아가 세계 다양한 인종의 중심지로 자리 잡기 시작하자 이전에 뉴욕 등 동부에서 나타났던 인종주의가 더욱 극단적인 모습으로 부활한 것이지요. 과거 인종주의가 주로 앵글로색슨족 프로테스탄트 미국인이 가톨릭 이민자에게 편견과 차별을 드러내는 방식이었다면, 이제는 반멕시코, 반중국인 정서까지 더해져 복잡한 양상으로 나타납니다. 캘리포니아와 미국은 이러한 인종주의 문제를 어떻게 다루었을까요? 혹시 더 첨예해지진 않았을까요? 캘리포니아는 단순히 미국을 넘어 전 세계 다문화주의의 미래를 엿보게 하는 중요한 지역입니다. 이에 대해서는 3부에서 미국의 다문화주의를 살펴보며 더 자세히 논하기로 하지요.

빌 게이츠와 스티브 잡스, 신화를 낳은 땅

　　　　　골드러시가 과거의 캘리포니아를 상징한다면, 실리콘 밸리는 현재의 캘리포니아를 상징합니다. 실리콘 밸리는 캘리포니아 주 샌프란시스코만 남단의 산타클라라 계곡 지대를 가리킵니다. 우연의 일치인지 골드러시와 실리콘 밸리 모두 샌프란시스코 주변에서 생겨났군요.

　실리콘 밸리라는 이름은 원래 이 지역에 반도체 재료인 실리콘 칩 제조 회사들이 많이 모여 있었기 때문에 붙은 명칭입니다. 지금은 구글, 인텔, 애플, 휴렛팩커드, 페이스북, 트위터 등 수많은 정보 통신 산업과 전자 산업 본사가 밀집되어 있는 세계 IT 산업의 메카라고 할 수 있죠. 또한 빌 게이츠와 스티브 잡스 같은 IT 신화의 대표적인 인물들을 배출한 곳이기도 합니다.

● 한국의 반도체 회사인 SK하이닉스와 삼성반도체도 오늘날 실리콘 밸리에 미국 지사를 두고 있다.

실리콘 밸리는 미국 첨단 산업을 대표하는 요람이다. 휴렛팩커드, 애플 등 IT 회사들이 발전시킨 기술은 현대인의 삶을 새롭게 바꾸어 놓았다.

빌 게이츠는 그의 저서에서 실리콘 밸리를 황금의 질주에 눈이 먼 현대판 골드러시로 묘사했습니다. 100년 전 골드러시 때와 비슷하게 1950년대에는 실리콘 연금술로 대박을 꿈꾸는 사람들이 캘리포니아로 모여든 것이지요. 그리고 다시 한 번 세계를 깜짝 놀라게 합니다. 자연의 보석을 채취하는 대신, 순전히 인간의 상상력과 창의력에 의존해서 미국은 물론 세계 기술과 문화를 선도하는 혁명을 성취했기 때문이죠.

골드러시와 실리콘 밸리는 서부 개척을 통해 미국의 전통과 신화를 만들었다는 점에서 공통점이 있으며 미국적인 진취성을 대표한다고 볼 수 있습니다. 그 정신의 근본에는 정부가 아니라 민간인 스스로가 개척을 주도한 에너지가 있죠.

온갖 위험을 무릅쓰고 개인적 야망으로 대륙을 횡단하거나 먼 해로를 타고 캘리포니아로 향한 사람들이 골드러시라는 신화를 만든 것처럼, 실리콘 밸리도 정부가 조성한 산업구가 아니라 순수하게 민간인이 시작했다는 특징을 띱니다. 이들 민간인은 재력이 넉넉지 못했던 개인 투자자였죠. 오늘날은 이런 사람을 벤처 사업가라고 합니다. 1938년 최초의 벤처 사업가라고 할 수 있는 일리임 휼렛과 네이비드 패커드가 처음으로 음향 발진기*를 만든 곳은 조그맣고 초라한 차고이자 헛간이었습니다. 훗날 캘리포니아 주립 공원단은 그곳에 '실리콘 밸리의 발상지'라는 동판을 설치했죠.

현재 실리콘 밸리는 단순히 미국 내의 산업 단지가 아닙니다. 전 세계에서 몰려든 인재들과 온갖 첨단 기술 회사들이 선의의 경쟁을 펼치고 있는 곳이지요. 2012년 통계에 따르면 실리콘 밸리에서 해외 이민자들이 차지하는 비율은 36.4%로 미국 평균치인 13%보다 월등히 높습니다. 실리콘 밸리가 속해 있고 미국에서 이민자 비율이 가장 높은 주인 캘리포니아의 평균치 27.1%보다도 높습니다. 현대판 골드러시인 실리콘 밸리는 이제 전 세계 기술 혁신의 상징이 되었죠.

뉴욕 사람들은 좋은 삶을 살기 위해 돈을 벌고, 실리콘 밸리 사람들은 세계를 변화시키기 위해 일을 한다는 말이 있습니다. 물

● 특정 음악의 주파수를 생성하는 이 장비는 1940년, 클래식 음악을 소재로 한 디즈니의 세 번째 장편 애니메이션 「판타지아」 제작에 사용되었다.

론 이것은 얼마간 과장일 것입니다. 실리콘 밸리에는 지금도 골드러시의 열정과 기운이 가득하고, 부를 얻기 위해 목숨을 거는 한탕주의와 모험심도 팽배하니까요. 그러나 결과적으로 그런 열정이 세계를 변화시켜 왔습니다. 실리콘 밸리는 지금도 그 변화의 중심에 있고요. 이처럼 캘리포니아는 미국의 과거, 현재, 미래를 보는 프리즘이라 할 수 있지요.

남과 북

지역감정은 어떻게 극복되었을까

흔히 사람은 끼리끼리 논다고 합니다. 관심사나 취향 등에 따라 삼삼오오 모이기도 하고 갈리기도 하죠. 이때 중요한 조건 중 하나는 '어디에 사느냐'일 것입니다. 그래서 나라마다 지역주의가 생기고, 이것이 심해지면 지역감정으로 악화되곤 합니다. 우리나라도 예외는 아니죠.

미국은 시작부터 지역주의를 빼놓을 수 없습니다. 13개 식민지는 저마다 다른 지역에서, 서로 다른 정치·경제·문화 체제와 가치를 바탕으로 정착했습니다. 예를 들면 영국에서 서로 원수지간이었던 청교도와 영국 국교회 교도가 각각 매사추세츠와 버지니아에서 공동체를 건설했고, 사이비 종교 취급을 받아 따돌림과 편견의 대상이었던 퀘이커 교도는 펜실베이니아에 정착해 그들만의 둥지를 일구었습니다.

독립 전쟁을 위해 13개 식민지는 일시적으로 연합했지만, 새로운 연방 정부를 구성하는 과정에서 이러한 지역주의가 되살아났습니다. 특히 남과 북의 지역주의는 헌법 제정에 커다란 걸림돌이었고, 결국 남북 전쟁이라는 피의 대가를 치르게 됩니다.

여기서 의문이 생겨납니다. 지역주의로 시작해서 지역감정으로 악화되어 결국 내전까지 치르게 된 미국이 어떻게 그 갈등을 넘어 오늘날과 같은 모습을 이루었을까요?

남북 전쟁의 상처에서 어떻게 회복할 것인가

남과 북이 노예 제도를 놓고 극하게 맞서던 중 1860년 선거에서 노예 해방을 부르짖던 링컨이 당선되자 남북 전쟁은 피하려야 피할 수 없는 필연으로 다가왔습니다. 결과적으로 링컨이 남북 전쟁을 일으켰다고 할 수 있는데, 그러한 링컨이 남북 통합의 토대를 만들기도 했습니다. 매듭을 묶은 자가 그 매듭을 푼 것이죠. 무슨 애기냐고요?

1865년 4월 14일 금요일 저녁, 남북 전쟁이 공식적으로 끝난 지 채 일주일도 되기 전에 전쟁을 승리로 이끌었던 링컨 대통령이 저격당하고 말았습니다.● 링컨은 다음 날 오전 사망합니다. 전쟁에 패해서 분통한 남부로서는 링컨의 죽음을 고소해하기도 했는데, 북부에서도 그렇게 생각하는 사람들이 있었습니다. 그들은 다름 아니라 링컨을 대통령으로 만든 공화당 의원들이었죠.

전쟁이 막바지에 이르자 대통령과 북부 공화당은 전쟁이 끝난 뒤 찢겨진 연방을 어떻게 복원하느냐를 놓고 서로 불편한 관계가 되었습니다. 남과 북의 지역감정을 생각할 때 연방의 재건 문제는 그 해답을 찾기가 거의 불가능해 보였는데, 논의 과정에서 대통령과 공화당 의원들 사이에 갈등이 빚어지고 만 거죠. 공화당 의원들은 반란을 일으킨 남부에 철저히 책임을 추궁하고 응징하는 것이 재건의 가장 중요한 전제 조건이라고 주장한 반면, 링컨은 패배한 남부를 포용하고 전범자들에게 관용을 베풀기를 원했습니다. 링컨의 이러한 온건한 정책에 공화당 의원들은 불만을 품을 수밖에 없었죠. 전쟁이 끝난 후에 링컨과 공화당이 재건 문제를 두고 더 격하게 대립할 것은 불 보듯 뻔했습니다.

그런데 전쟁이 끝나고 얼마 되지 않아 링컨이 죽고 맙니다. 어떻게 보면 링컨은 행운아입니다. 아니, 암살을 당했는데 무슨 얘기냐고요? 만약 링컨이 살아남아 재건 정책을 폈다면 진흙탕 싸움에 빠질 수밖에 없었을 테고, 그러면 미국의 영웅으로 추앙받기 어려웠을지도 모릅니다. 아무래도 영웅은 제때 죽어야 하나 봅니다.

● 링컨을 암살한 이는 남부 지지자이자 가톨릭교도인 존 윌크스 부스였다. 사건 후 12일간 도주하던 부스는 기병대에게 발각되어 총격을 받고 사망했다.

링컨의 암살 장면을 묘사한 그림. 링컨은 포드 극장에서 공연을 관람하던 중 총격을 받았다.

이것은 결코 허황된 가설이 아닙니다. 링컨의 사망으로 대통령이 된 앤드루 존슨은 미국 역사에서 가장 불행한 대통령이 되고 말았거든요. 미국 역사상 최초로 탄핵 심의를 받은 대통령으로 기록되니까요. 존슨이 탄핵 심판대에 오른 이유는 그가 링컨이 추진하고자 했던 유화적이고 포용적인 재건 정책을 폈기 때문입니다. 링컨은 죽어서 훗날 미국의 영웅으로 재탄생하지만 존슨은 죽은 자의 정신을 받들다가 불행한 대통령으로 기억되니, 역사의 아이러니가 아닐 수 없군요.

　　　　존슨은 의회에서 한 표 차이로 탄핵을 당하지 않고
대통령직을 유지할 수 있었지만, 대통령으로서는 유령이나 다름
없었습니다. 그래도 존슨은 임기 마지막에 대통령 특별 사면권을
발휘해 남부 연합의 모든 지도자들을 조건 없이 사면시킵니다.
마지막 순간까지 링컨의 재건 정책을 실행에 옮긴 것이지요.

　존슨에 이어 대통령에 당선된 율리시스 그랜트 역시 링컨의 정
신을 이어 갔습니다. 그랜트는 남북 전쟁 중 링컨이 임명한 북군
총사령관이었습니다. 그는 전투에선 잔인할 정도로 용맹스러운
장수였지만 대통령직에 올라서는 패배한 남부를 끌어안고 국민
통합을 이뤄 내려 진력을 다했습니다.

　그랜트의 이런 성품은 대통령이 되기 전에 있었던 유명한 애퍼
매톡스 일화에서도 드러납니다. 1865년 4월 9일, 버지니아의 애
퍼매톡스에서 남북 전쟁 항복 조인식이 거행되었죠. 이때 북군
총사령관 그랜트 장군은 남군 총사령관 로버트 리 장군에 각별한
예의를 갖춰 항복을 받았고, 문서에 리 장군과 부하들이 반역죄
로 재판을 받지 않을 것임을 명확히 했습니다. 회담을 마치고 자
신의 부하들이 환호하자, 그랜트는 준엄하게 꾸짖으며 이렇게
말했습니다. "그들도 이제 우리 동포다. 그들의 패배에 환호해
서는 안 된다." 훗날 그랜트는 애퍼매톡스 항복 조인식을 전쟁의

마무리가 아니라 화해와 국민 통합의 시작으로 여겼다고 회고했습니다.

남북 전쟁은 미국 역사상 가장 많은 인명 피해를 낳은 참혹한 전쟁이었습니다. 그런데 단 1명의 남부 정치인이나 군인도 전쟁의 책임을 물어 처형되지 않았습니다. 아마 세계사에서 처음이자 마지막으로나 볼 수 있는 예외적인 사례일 것입니다. 남부 연합의 대통령 제퍼슨 데이비드는 죽는 순간까지 남북 전쟁은 남부의 자유를 지키기 위한 정당한 전쟁이었으며 남부의 정신은 죽지 않았다고 외쳤습니다. 그럼에도 한 번도 이른바 '반국가 사범'으로 체포되거나 처벌받지 않았습니다. 지금도 미국 곳곳에는 그의 이름을 딴 학교와 공원이 있을 정도입니다. 우리나라였다면 가능했을까요? 곰곰 생각해 볼 만한 대목입니다.

진정으로 용서하려면 진심으로 과거를 잊어야 합니다. 남북 전쟁 후 미국이 지역감정을 극복하고 다시금 성공적인 연방으로 태어날 수 있었던 것은 링컨과 후임 대통령들이 보여 준 화해와 관용의 정신 덕분이었습니다.

오늘날에도
보수적 성향인 남부

제퍼슨 데이비스가 남부는 죽지 않았다고 외친 것이 단지 패배한 남부 연합의 대통령으로서 자존심을 지키려는 행

지리

1959년 남부인들의 시위 장면. 아칸소 주의 고등학교에 흑인 학생 입학이 허용되자 '인종 혼합은 공산주의다' 등의 피켓을 들고 연방 의사당 앞에서 시위를 벌였다.

동이었을까요? 그렇지 않습니다. 그의 외침은 대다수 남부 백인들의 생각을 대표하는 것이었습니다.

링컨과 후임 대통령들이 그렇게 남부를 포용하려고 애썼지만, 남부 사람들은 북부에 대한 반감을 누그러뜨리지 않았습니다. 오히려 '솔리드 사우스'Solid South●라는 구호 아래 남부의 결속력을 강화했고, 재건 정책에 반발했으며, 북부에서 내려온 사람들을 저급한 떠돌이 정치인이나 장사꾼으로 깔보고 홀대했지요. 해방된 흑인들을 여전히 차별하며 온갖 나쁜 행태를 벌였습니다.

지금도 남부에는 이러한 정서가 남아 있는데, 대통령 선거의

● 솔리드 사우스란 단단한 남부, 결집된 남부라는 뜻이다. 전쟁 직후 링컨의 정당인 공화당을 받아들일 수 없었던 남부인들은 한동안 민주당만을 지지했는데, 이러한 정치 성향을 가리키는 말로도 쓰인다. 그러나 1960년대 이후 민주당이 흑인 권리 신장을 지지하자 남부 백인들은 민주당을 떠나 보수적 색채를 강조한 공화당을 선호하게 된다.

투표 결과를 보면 잘 알 수 있습니다. 남부는 미국의 보수적 지역을 대표하고 거의 예외 없이 보수 정당인 공화당에 몰표를 줍니다. 물론 진보적 성향의 플로리다는 예외입니다만, 플로리다는 지리적으로 남쪽에 있을 뿐 스페인계 이민자와 소수 민족이 많아서 정서적으로는 남부에 속한다고 보기가 어렵습니다.

이처럼 미국은 여전히 지역주의를 완벽히 극복하지 못했다고 볼 수 있습니다. 하지만 중요한 것은 이 지역주의가 극단적인 지역감정으로 번지지는 않는다는 점이죠. 지역감정의 뼈아픈 과거가 남북 전쟁을 전후해 미국에 존재했고 지금도 그 잔재가 전혀 없다고는 말할 수 없지만, 더 이상 현실의 장벽이 되진 못합니다. 지역주의는 국가의 다양성을 위해 필요하지만 지역감정은 국가 통합의 걸림돌이죠. 이런 점에서 즉각적인 효과를 보진 못했지만 남북 전쟁 직후 남부를 포용하려 했던 대통령들의 태도가 지금의 미국을 만드는 데 얼마나 주요했는지 새삼 느낄 수 있습니다.

움직이는 미국

큰 영토에도 지역 차별이 없는 이유

미국은 앞서 살펴보았듯 엄청나게 큰 영토를 갖고 있습니다. 그런데 땅이 크다고 해서 꼭 좋은 것만은 아닙니다. 세계 질서의 주도권을 쥐었던 나라들은 대부분 영토가 작았습니다. 그 대표적인 예가 로마 제국이 있었던 지금의 이탈리아입니다. 미국이 부상하기 전 400년 동안 세계 질서를 주도한 영국도 마찬가지고요.

땅이 큰 나라는 문제도 많습니다. 그중 가장 큰 문제가 지역 간 불균형으로, 이것이 갈등을 불러일으켜 국가 통합에 걸림돌이 되는 것이죠. 러시아, 인도, 중국 등 큰 나라들이 골치를 앓는 공통적인 문제입니다. 우리나라처럼 상대적으로 작은 나라도 지역 차별이 문제가 되는데, 큰 나라는 더욱 그럴 수밖에 없겠지요.

그런데 미국은 이 문제로 심각한 갈등을 겪지는 않습니다. 가장 작은 주 로드아일랜드라 해도 차별받는다고 불평하지 않고, 앨라배마 주민들은 그들의 가난이 지역 차별 때문이라고 생각하지 않으며, 미국 본토와 떨어져 있는 알래스카와 하와이 주민들도 본토 주민과의 차별을 문제 삼지 않습니다. 물론 이전에 살펴보았듯이 미국 내에도 남과 북의 정치·문화적 성향에 차이가 있지만, 이것은 근본적으로 노예 제도에 따른 갈등으로서 다른 나라들이 겪는 지역 불균형과는 다른 문제거든요.

그렇다면 미국이 거대한 영토에도 불구하고 별다른 지역 차별과 갈등 없이 하나의 국가로 성장하고 유지될 수 있는 까닭은 무엇일까요?

종교에 따라 형성된
특별한 지역들

미국 초기 시대로 돌아가 보죠. 이전에 몇 차례 얘기했듯이 미국의 모태가 되는 13곳 식민지는 영국의 식민지라는 점을 빼곤 공통점이 별로 없었습니다. 사실 그들은 종교적 갈등 탓에 영국과 유럽에서 사이가 좋지 않았죠. 매사추세츠에 정착한 청교도와 버지니아에 자리 잡은 성공회교도, 그리고 메릴랜드의

미국인이 아침 식사로 즐겨 먹는 오트밀.

가톨릭교도들이 대표적입니다. 영국에서 차별과 탄압을 견디다 못해 미국으로 집단 이주한 종교 그룹도 있었죠. 펜실베이니아에 정착한 퀘이커 교도인데, 그들은 개신교 종파의 일부였지만 당시에 일종의 사이비 종교로 낙인 찍혀서 온갖 핍박을 받아야 했습니다. 하지만 37대 대통령 리처드 닉슨이 퀘이커 교도이며 미국인들의 아침 식단에서 빠질 수 없는 것이 퀘이커 오트밀*이기도 합니다. 퀘이커 교도들이 과거에 멸시와 천대의 대상이었다는 것이 언뜻 이해가 안 가죠?

이러한 차별이 그저 아주 오랜 옛날의 얘기일까요? 그렇지 않습니다. 근대에 들어와서도 종교적인 문제로 다른 미국인들의 눈밖에 난 지역이 있었습니다. 예수 그리스도 후기 성도 교도들이 정착한 유타 주가 그곳입니다.

후기 성도 교회는 1830년 뉴욕 주에서 성립된 기독교 종파로서 개신교나 가톨릭 종파의 일원이 아닌 독자적인 교회입니다. 이들은 성경과 더불어 모르몬경을 경전으로 공인하고 있기에 모르몬

● 오트밀이란 물이나 우유에 귀리를 넣어 끓인 요리이다. 취향에 따라 소금이나 과일, 꿀을 첨가해 먹기도 하며, 조리 방법이 간단하고 건강식이라는 인식도 높아 인기가 많다.

교라고 불렀죠. 당시 미국은 개신교 중심의 사회였고 다른 종교에 대한 차별과 박해가 만만치 않았던 터라 후기 성도 교도들이 겪을 수난은 예견된 일이었습니다.

후기 성도 교인들은 박해를 피해 미시시피 강 유역과 네브래스카 주 등을 떠돌다가 결국 브리검 영의 인솔하에 1847년 지금의 유타 주로 이주했습니다. 1848년이면 골드러시가 시작되는데, 이들은 황금에 대한 야망이 아니라 그야말로 순수하게 종교적 열망을 품고 서부에 정착한 유일한 이주자들이죠. 하지만 당시 후기 성도 교회는 일부다처제를 허용했기에 유타 주는 미국 연방의 공식적인 주로 편입되지 못했습니다. 1896년에야 정식으로 미국 연방에 포함되었죠. 지금도 유타 주는 주민의 70% 이상이 후기 성도 교인이라서 후기 성도 교회의 주라고 해도 틀린 얘기는 아닐 거예요.

식민지 시대 이후에 어느 한 주가 특정한 종교의 본산지로 새로 자리매김한 경우는 유타 주가 유일합니다. 그렇지만 현재 유타 주가 다른 미국인들로부터 정치적으로나 경제적으로 차별을 받지는 않습니다. 그리고 유타 주가 연방이나 다른 주들과 협조하지 않고 독자적으로 행동하지도 않습니다. 2012년 선거에서 공화당 대통령 후보였던 밋 롬니 상원 의원은 열렬한 후기 성도 교인이었지만 청교도의 본산지였던 매사추세츠 주지사를 지냈고, 그 경력을 바탕으로 대선에 도전했습니다. 결국 오바마 대통

령에게 패배했지만 그의 종교적 성향이 대선에 영향을 미쳤다고
보는 사람은 많지 않습니다.

동에서 서로, 서에서 동으로
문화의 이동

미국이 어떻게 지역 평등에 근거하여 국가 통합을
이루었는지는 미스터리입니다. 하지만 그 미스터리를 풀어 가는
열쇠를 '움직이는 미국'에서 찾아볼 수 있죠. 그게 무슨 말이냐고
요? 물론 미국이라는 땅덩어리는 움직이지 않죠. 다만 미국인들
이 움직인다는 얘기입니다. 미국은 시작부터 움직이면서 성장했
습니다. 아메리칸드림을 꿈꾸고 동부 해안 지역에 정착한 사람들
은 꿈을 이루지 못하거나 여러 다른 이유로 그곳을 떠나야 하면
서쪽으로 이동합니다. 그 반대의 경우도 마찬가지입니다. 골드러
시 등으로 서부로 건너온 이주자들이 그곳에 영원히 정착했다고
볼 수는 없습니다.

물론 모든 미국인들이 일생 동안 어디론가 이동하는 것은 아닙
니다. 중서부 주와 남부 주 중에는 출생지에서 줄곧 거주하는 주
민이 인구의 70%나 되는 곳도 있습니다. 반면 캘리포니아를 비
롯한 서부와 뉴욕을 포함한 북동부에서는 그 비율이 20%가 안
되니 지역마다 편차가 있지요. 전체 평균을 보면 25세에서 44세
사이의 연령층에서 약 절반 정도는 태어난 주를 떠나서 생활합니

다. 은퇴한 사람들이나 노년층에서는 이 비율이 더욱 높아집니다. 기후가 좋은 캘리포니아, 애리조나, 플로리다 같은 주로 이주해서 노후 생활을 보내기 때문이죠.

이러한 이동은 단순히 인구의 지리적 편재에 변화를 가져오는 것 이상으로 사회 전반에 큰 영향을 끼칩니다. 가장 중요한 것은 문화의 이동입니다. 동부의 문화가 서부로 옮겨 가고, 서부의 문화가 동부로 옮겨 가는 거죠. 서부에서 동부로 문화가 전파된 예를 하나 들자면 바로 청바지입니다. 청바지가 처음 만들어진 건 골드러시 때입니다. 캘리포니아에 몰려든 광부들의 바지가 쉽게 해지는 것을 보고 리바이 스트라우스라는 재단사가 마차의 덮개나 텐트로 사용되던 직물을 활용해 질기면서도 편한 옷을 만들었습니다. 그 옷이 바로 오늘날 미국을 상징하며 전 세계 사람들이 즐겨 입는 청바지입니다. 그리고 가장 유명한 청바지 회사가 발명자의 이름을 딴 리바이스^{Levi's}이지요. 처음에 동부 사람들은 청바지를 서부의 막노동꾼이나 입는 옷이라고 비웃었지만, 시간이 지나면서 청바지는 미국인의 작업복이자 일상복으로 자리 잡았고, 미국의 실용주의를 상징하는 옷이 되었지요.

고인 물은
썩는다

앞서 남북 전쟁에 관해 살펴본 것을 기억하지요?

청바지는 원래 서부 캘리포니아의 광부들을 위해 작업복으로 만들어졌지만, 이후 폭넓은 인기를 얻으면서 자유와 젊음을 상징하는 옷으로 자리매김했다.

남과 북이 그 지역적 차이를 극복하지 못하고 내전으로 치달았던 근본적인 이유는 노예 제도에 있었습니다. 그런데 전쟁의 배경에는 노예 제도 말고도 '움직이는 미국'과 '움직이지 않는 미국'이라는 상반된 문화가 자리하고 있었죠.

북부 사람들은 하루가 멀다 하고 서부로 진출했습니다. 뉴욕과 오대호와 미시시피 강은 운하로 연결되었으며 철도와 도로도 만들어졌습니다. 그만큼 사람들의 이동과 교류가 많았다는 얘기죠. 그런데 남부는 그러지 못했습니다. 물론 새로운 목화 플랜테이션을 개척하기 위해 서부로 진출하는 대농장 부호들은 있었지만,

일반인의 이동은 거의 없었다고 봐야 합니다. 즉 북부는 역동적으로 움직이는 미국이었지만 남부는 움직이지 않는 미국이었던 거죠. 사람은 움직이며 새로운 것을 만날 때 개방적이고 미래 지향적인 태도를 지닐 수 있습니다. 가만히 있으면 폐쇄적이고 과거 지향적이 되기 마련입니다. 남부 사람들이 노예 제도를 고수한 것은 직접적으로는 경제적 이해관계와 연결되어 있었지만, 한편으로 높아지는 평등 의식과 변화하는 시대의 요구에 어떻게 부응할 것인가 하는 가치관과도 관련되었던 겁니다.

미국은 태어날 때부터 움직이며 확장된 나라입니다. 그리고 그 움직임이 미국의 정체성을 형성하는 데 중요한 역할을 했죠. 고인 물은 썩는다고 합니다. 그런데 미국이라는 물은 고일 수가 없습니다. 새로운 사람들이 끊임없이 새로운 생각과 새로운 문화를 품고 새로운 곳으로 움직이기 때문이죠. 이러한 움직임이 광활한 영토에도 불구하고 지역 차별이 심해지지 않도록 이끌었던 것입니다.

Q&A

● 　미국에도 사투리가 있나요?

　　그럼요, 미국이 얼마나 큰 나라인데 사투리가 없겠어요. 초창기에는 주로 북동부와 남부의 억양에 차이가 있었고, 서부 개척 시대에는 동부와 서부의 억양에 차이가 있었습니다. 텔레비전이 보급된 뒤 미디어의 영향으로 동부와 서부의 억양 차이는 줄었지만, 지금도 남부는 독특하고 강한 억양을 유지하고 있습니다. 그렇다고 타지역 사람들이 이해 못 할 정도는 아니나 다른 나라에서 온 사람들은 간혹 남부 영어를 알아듣기 어렵다고 토로합니다.

　　우리나라의 표준어가 현대 서울어라면, 미국의 표준어와 표준 억양은 중서부 기준입니다. 그래서 뉴스 진행자들은 대부분 중서부 영어를 구사하죠. 실제 유명한 앵커 중에는 중서부 도시인 시카고 출신이 많습니다.

　　우리나라에서는 사투리가 비하나 놀림거리가 되곤 하는데, 아마도 서울 지향적 도시 개발과 중앙 집권적 전통 때문이겠죠. 하지만 미국은 사투리에 대한 편견이 상대적으로 덜합니다. 그리고 보니 최근 미국 대통령은 대부분 사투리 구사자였네요. 남부 조지아 출신 지미 카터부터 텍사스 사투리를 쓴 조지 부시 부자, 알칸소 사투리의 빌 클린턴, 그리고 흑인 억양의 버락 오바마까지. 기회가 되면 이들의 연설을 한번 들어 보세요.

● 아이비리그는 어디 있나요?

아이비리그는 미국 북동부에 있는 명문 사립대 8곳을 가리킵니다. 하버드, 예일, 펜실베이니아, 프린스턴, 컬럼비아, 브라운, 다트머스, 코넬대학이 아이비리그에 속하죠. 그런데 왜 아이비리그라는 말이 붙었을까요? '아이비'는 담쟁이덩굴 식물인데, 미국의 오래된 대학에는 아이비로 덮인 건물이 많습니다. '리그'는 대학 간 교류의 일환으로 결성한 스포츠 경기 리그전을 말하고요. 이 두 단어가 합쳐져 명문 사립대학 8곳을 가리키는 호칭으로 자리 잡은 겁니다.

아이비리그가 북동부에 밀집한 까닭은, 코넬대학을 제외하고 나머지 대학이 모두 식민지 시대에 설립되었기 때문입니다. 가장 먼저 하버드가 1636년에 세워졌지요. 식민지 지배층과 부유층이 모국인 영국의 대학에 자녀를 보내지 못하자 사립대학을 건립한 겁니다. 독립 이후 서부 개척이 시작되면서 자녀를 아이비리그에 보낼 형편이 안 되는 주민들이 세금으로 만든 게 주립대학입니다. 중서부에는 '톱텐'으로 불리는 명문 주립대학 10곳이 있습니다. 예컨대 일리노이 주를 대표하는 일리노이 주립대, 오하이오 주를 대표하는 오하이오 주립대 등이 여기 속하죠. 캘리포니아는 독자적으로 캘리포니아 주립대학 제도를 만들었습니다. 우리는 보통 버클리대라고 하지만, 공식 명칭은 '버클리에 있는 캘리포니아 주립대학'University of California at Berkeley이고, UCLA는 'LA에 있는 캘리포니아 주립대학 'University of California at Los Angeles 입니다.

그런데 미국은 우리 생각과 달리 명문대에 대한 무조건적인 선호가 적은 편입니다. 예일대처럼 대통령을 많이 배출한 곳은 그래도 특별히 대우받지 않느냐고요? 물론 명문대 출신인 사람들은 자기 학교에 대한 크나큰 자부심을 느낍니다. 하지만 미국 사회에서 누군가를 평가할 때는 출신학교보다 능력을 훨씬 많이 봅니다. 학벌 지상주의가 상대적으로 약하죠. 그리고 대학의 규모나 유명세와 상관없이 대다수 사람은 모교에 대한 자부심이 강한 편입니다. 미국인들은 자동차 뒤 범퍼에 자기가 졸업한 대학의 스티커를 붙이고 다니는 경우가 많은데, 하버드대나 예일대처럼 아이비리그 스티커도 많지만, 지방의 그다지 유명하지 않은 대학 스티커도 많이 볼 수 있죠.

● **수도인 워싱턴 D.C.보다 왜 뉴욕이 더 유명할까요?**

2001년 9월 11일, 테러를 당한 곳은 수도인 워싱턴 D.C.만이 아니었습니다. 미국의 심장부인 뉴욕도 테러를 당했죠. 테러리스트들이 두 곳을 동시에 공격한 것은 아마 이 두 도시가 지닌 상징성 때문일 거예요.

미국의 수도는 '워싱턴 컬럼비아 특별구'인데, 보통 워싱턴 D.C.로 약칭합니다. 미국의 50개 주에 포함되지 않는 연방 직할지로서 연방 의사당과 백악관이 자리한 미국의 입법, 행정, 사법 중심지이죠. 그런데 미합중국이 건국된 1789년, 미국의 수도가 원래 뉴욕이었다는 걸 아나요? 워싱턴 D.C.가 수도로 채택된 건 2년 뒤인 1791년입니다.

여기서도 알 수 있듯 뉴욕은 역사가 깊은 대도시입니다. 뉴욕은 원래 1624년 네덜란드 식민지로 출발해 한동안 뉴암스테르담으로 불렸습니다. 그러다 1664년부터 영국인들이 통치했고, 찰스 2세가 동생 요크^{York} 경에게 땅을 주면서 뉴요크, 즉 뉴욕으로 불리기 시작했죠. 뉴욕 주에 있는 뉴욕 시는 맨해튼, 브롱크스, 브루클린, 퀸스, 스태튼아일랜드라는 다섯 구로 이루어지는데, 그중 맨해튼이 뉴욕을 대표한다고 할 수 있습니다. 그곳에 자유의 여신상이 있고, 세계 금융 중심지인 월스트리트가 있으며, 뮤지컬을 비롯한 각종 쇼 극장들이 즐비한 브로드웨이가 있기 때문이죠. 이처럼 뉴욕은 미국 경제와 문화의 수도라고 해도 과언이 아닙니다. 우리가 미국 하면 수도인 워싱턴 D.C.보다 뉴욕을 먼저 떠올리는 까닭도 그래서겠지요. 미국인들도 뉴욕과 워싱턴 D.C. 중 어디를 먼저 가보고 싶은지 물으면 아마 대부분 뉴욕을 택할 겁니다.

● 미국의 인디언들이 독립을 주장하진 않나요?

중국에서는 몽골족 등 소수 민족이 독립운동을 벌이지만, 오늘날 미국 인디언들은 완전한 독립을 주장하지는 않습니다. 1944년 북미 대륙 곳곳에 흩어져 살던 40여 개 부족 대표들이 모여 '아메리칸 인디언 전국

회의'를 결성하고, 인디언 권리 회복 운동을 전개했습니다. 초창기에는 큰 성과를 못 얻었으나, 1960년대와 70년대 민권 운동이 힘을 얻는 것을 목격하면서 더욱 적극적으로 권리를 주장해 상당한 승리를 쟁취했죠. 최근에는 오래전 빼앗긴 토지를 되돌려 줄 것을 연방 정부에 요구하고 있습니다.

현재 미국 전여에는 300곳이 넘는 인디언 보호 구역이 있는데, 보호 구역 내 인디언들은 정부의 생활 지원을 받고, 장학금으로 학교도 무료로 다닙니다. 인디언 보호 구역은 관광객 유치를 위해 카지노 운영이 합법화됐기 때문에 관광지로도 각광받고 있죠. 이것만 보면 살기 좋은 곳 같지만 실상은 그렇지 않습니다. 무엇보다 큰 문제는 인디언 보호 구역에서 인디언들이 할 일이 많지 않다는 겁니다. 인디언들은 높은 실업률, 마약이나 알코올 중독 문제에 시달리고 성폭력 등 범죄에도 노출되어 있죠. 이에 인디언들은 여러 축제를 통해 인디언 문화에 대한 자긍심을 높이고 전통을 이어 가려 애씁니다. 대표적인 것이 파우와우 축제입니다. 영혼의 지도자라는 뜻의 '파우와우'. 북미의 여러 인디언 부족이 한 데 모여 춤과 노래, 전통 의식을 공연하고 공예품이나 음식물을 파는 이 축제는 미국과 캐나다 전역에서 연 300회 이상 열립니다. 이런 축제를 통해 인디언들은 자신의 문화를 되새기며 전통을 더욱 다지고 있습니다.

오늘날 *03 미국의 바탕이 된 자유와 평등

자유롭고 평등한 나라

미국 민주주의의 빛과 어둠

　'자유롭고 평등한 나라', 이것은 건국 직후에 미국을 방문한 유럽인들이 받은 첫인상입니다. 자유와 평등은 민주주의 실현에 가장 중요한 두 축이기에 유럽인들의 이런 평가는 미국이 처음 세워질 때부터 민주주의의 기반을 탄탄히 다지고 있었다는 말과 같습니다. 특히 프랑스인인 알렉시 드 토크빌은 1835년 출간한 『미국의 민주주의』에서 미국 사회가 뛰어난 민주주의를 보여 주고 있음을 조명했지요. 그런데 영국의 명예혁명에서도 알 수 있듯 민주주의가 시작된 것은 사실 유럽이 먼저입니다. 그런데도 유럽인들은 왜 미국의 민주주의에 감탄했을까요? 이 점을 알려면 우선 당시 유럽의 정치상을 살펴볼 필요가 있습니다.

민주주의의 토대를 만든
영국과 프랑스

근대 민주주의의 토대를 닦은 나라는 영국입니다. 1215년 작성된 '마그나 카르타'는 유명하지요. 이 문서는 영국 귀족들이 국왕 존에게 작성하게 한 것으로, 왕권을 제한하는 내용을 담고 있습니다. 마그나 카르타는 왕권에 맞서 귀족과 성직자의 권리를 보호하려는 것이었으므로 그 자체로 근대 민주주의의 시발점이라고 볼 수는 없지만, 이 문서에 대한 영국인들의 기억과 자부심은 훗날 민주주의 발전에 큰 역할을 합니다. 그 결정체가 1688년 명예혁명입니다. 폭압적인 전제 정권을 피 한 방울 흘리지 않고 무너뜨리고 입헌 군주제를 탄생시켰다고 해서 영국인들은 이를 명예로운 혁명이라 부릅니다. 명예혁명을 통해 17세기 내내 지속되었던 왕권과 의회의 줄다리기가 종결되었습니다. 국왕이 의회의 승인 없이 법이나 세금, 군사 문제 등을 독단으로 결정할 수 없다는 의회 민주주의가 뿌리 내린 역사적인 사건입니다.

하지만 당시 영국을 '자유롭고 평등한 나라'라고 부르기에는 무리가 있습니다. 상징적이긴 하지만 여전히 국왕이 존재했으니까요. 영국의 의회는 미국처럼 상원과 하원으로 분리된 양원제이

뉴욕 주 리버티 섬에 있는 자유의 여신상. 프랑스가 미국의 독립 100주년을 축하하기 위해 기증한 조각상이다.

지만, 오늘날에도 영국 상원은 귀족으로만 구성되며 총리의 추천을 받아 국왕이 임명합니다. 국민이 투표로 상원 의원을 선출하지 못하는 것은 영국이 엄밀한 의미에서 과연 민주주의 국가인지 생각해 볼 여지를 남깁니다.

프랑스도 세계 민주주의에서 빼놓을 수 없는 귀중한 역사적 유산을 가지고 있습니다. 바로 프랑스 혁명이죠. 미국이 조지 워싱턴을 초대 대통령으로 선출해서 세계 민주주의의 새로운 실험을 시작한 해에 프랑스에서는 혁명의 대장정이 시작되었습니다. 그러고 보니 1789년은 민주주의 역사에서 뜻깊은 해라고 할 수 있겠군요.

프랑스 혁명은 '자유, 평등, 박애'라는 구호를 내세우며 근대 민주주의의 사상적 토대를 제공했지만, 민주주의 체제를 완성한 혁명은 아닙니다. 무엇보다 혁명 세력 간의 이념 논쟁과 세력 다툼으로 그 과정이 순탄치 못했습니다. 혁명을 주도한 사람 중 한 명인 로베스피에르는 혁명 후반기에 이르자 이른바 '공포 정치'˙를 시행해 반대파를 숙청했습니다. 수많은 사람이 단두대의 이슬로 사라지는 비극을 낳고 말았지요. 이러한 불안한 정국 속에서 결국 나폴레옹이 등장해 쿠테타를 일으켰습니다. 나폴레옹은 독재 정치를 펼치고 후에 황제로까지 등극하면서 사실상 예전의 전제 정권을 부활시킨 것이나 다름없었습니다. 프랑스는 이후에도 오랫동안 혁명의 후유증에 시달렸습니다.

˙ 공포 정치를 프랑스어로 la Terreur라고 한다. 이 말은 정치적인 목적을 위해 조직적으로 행하는 폭력 행위를 뜻하는 '테러리즘'의 어원이 되었다.

미국의 민주주의, 자유와 평등의 조화

그에 비하면 미국의 민주주의는 별다른 어려움 없이 자리를 잡았고, 지금까지도 초기 민주주의 체제에서 크게 벗어나지 않았습니다. 헌법의 기본 원칙과 정신을 존중하며, 필요에 따라 수정 헌법이 추가될 뿐입니다. 미국의 역사가 짧다고 하지만 민주주의만 놓고 보면 가장 연속적인 역사를 지녔다고도 할 수 있습니다. 대통령 선거만 보아도 그렇습니다. 지금까지 단 한 번의 예외도 없이 헌법에서 제시한 절차에 따라 정해진 날짜에 대통령 선거가 치러졌거든요. 심지어 남북 전쟁이라는 연방 최대의 위기 상황에서도 선거는 어김없이 치러졌지요.

민주적 헌법의 원칙과 정신에 근거한 제도의 연속성과 함께 미국 민주주의에서 또 하나 두드러진 특징은 '자유와 평등의 조화'입니다. 그런데 자유와 평등은 미국뿐 아니라 세계 여러 민주주의 혁명에서 노래처럼 불리는 구호이죠. 여기에 무슨 특별한 의미가 있느냐고 반문할 수도 있을 것입니다.

사실 세계 역사 속에서 자유와 평등은 조화를 이루기보다 서로 대립하는 경우가 허다했습니다. 예를 하나 들어 볼까요? 개인이 노력해서 번 돈을 국가가 특별한 이유 없이 빼앗아 간다면 심각한 자유의 훼손이죠. 그렇다고 부자들이 부의 상당 부분을 쥐고 내놓지 않는다면 가난한 사람들이 어떻게 살아갈 수 있겠어요.

이런 사회는 평등하다고 볼 수 없죠. 그래서 프랑스 혁명은 계급을 타파해 평등한 사회를 구현하려 했고, 공산주의 혁명은 생산 수단을 일부 자본가가 독점하지 않고 모두가 공유해 계급이 없는 유토피아 사회를 구축하려 했습니다. 이렇듯 유럽 민주주의는 자유와 평등의 조화를 찾기 위한 끊임없는 투쟁의 역사였죠.

미국의 민주주의는 어떻게 성장했을까

그런데 미국은 어떻게 처음부터 자유와 평등이 순탄하게 동행할 수 있었을까요? 이에 대한 해답은 미국인들이 태어날 때부터 자유로웠다는 데 있습니다. 단순하고 상식에 가까운 얘기처럼 들릴 수 있겠지만, 유럽과 비교하면 그 의미를 쉽게 이해할 수 있을 것입니다.

그 당시 유럽은 신분제에 매여 있었습니다. 한번 귀족은 영원한 귀족이었고, 한번 평민은 영원히 평민으로 살아갈 확률이 높았죠. 그러한 신분제를 지탱하는 가장 중요한 요소가 토지였고요. 토지는 귀족의 얼굴이며 위상의 척도였고, 신분 세습의 바탕이었습니다.

하지만 미국에선 시작부터 가문의 토지를 쥐고 있는 귀족이 없었습니다. 누구나 뜻과 의지만 있다면 자신의 땅을 소유할 수 있었죠. 그렇기 때문에 서부 개척의 역사가 미국 민주주의 정착에 매우 중요한 역할을 하는 것입니다. 앞서 2부에서 자세히 살펴보았듯 대서양 연안의 동부 인구가 늘어나면서 갈수록 토지 확보가 어려워졌지만, 서부의 광활한 영토가 새로운 기회를 제공해 주었습니다. 미국인들은 영토의 개척이라는 기회 앞에서 신분이나 지위에 제한받지 않고 평등을 보장받았고, 이는 미국 민주주의의 토대를 탄탄하게 했습니다. 이처럼 미국 민주주의가 별 탈 없이 정착할 수 있었던 근본적인 배경은 '조건의 평등'과 '기회의 평등'이었던 것입니다.

기회의 평등을 사수하라

그럼 이러한 조건과 기회의 평등이 약해지면 미국의 민주주의도 흔들릴까요? 아마도 그럴 겁니다. 이제 더 이상 서부는 없습니다. 한곳에 정착하다가 불만이 생기면 다른 지역으로 훌쩍 떠나 자신만의 토지를 일굴 수 있는 것은 과거의 얘기입니다. 물론 미국은 여전히 지역 간 인구 이동이 활발한 편이지만, 예전과 같은 조건의 평등을 기대하기는 어려운 것이죠. 고도 산업화가 이뤄진 수십 년 전부터 일부 자본가가 부의 대다수를 독점하는 상황입니다.

이제 미국도 있는 자와 없는 자 사이의 간격이 커지면서 평등의 문제가 심각하게 대두되고 있습니다. 빈부 격차와 사회 양극화

컬럼비아대학의 교정. 미국의 연평균 대학 등록금은 세계 1위로 국공립대는 8,202달러, 사립대는 2만 1,189달러에 달한다. 세계 2위인 한국보다 2배 가까이 높다.

현상이 미국만의 문제는 아니지만, 선진국 중에서도 미국이 가장 심각한 것은 사실입니다. 갈수록 심각해질 수밖에 없는 문제이기도 하고요. 조건과 기회의 평등을 보장하는 데 가장 중요한 요소가 교육인데 가난한 사람들이 양질의 교육을 받기가 더욱 힘들어지는 상황이기 때문입니다. 대학 등록금은 점점 치솟아 서민의 가정에서 자녀의 대학 입학은 엄청난 부담으로 받아들여집니다. 계층 이동의 통로여야 할 교육이 오히려 사회 양극화 현상을 고착화하는 보이지 않는 요인이 되고 있습니다.

이를 해결하려면 다방면의 노력이 필요하지만, 무엇보다 국민의 의사가 얼마나 정치에 반영되는가 하는 문제가 중요합니다. 그런데 이것도 사회 양극화 현상과 밀접하게 맞물려 있습니다.

국민의 의사는 일차적으로 선거를 통해 반영됩니다. 그러나 먹고 살기가 힘겨워질수록 사람들은 선거에 무관심해지죠. 특히 대중의 생각에 막대한 영향력을 행사하는 것이 미디어인데, 미국에서는 단 6개의 초대형 미디어 회사가 미국인들이 듣고 읽고 보는 것의 90%를 장악하고 있습니다. 대부분의 선거에서 홍보며 캠페인에 더 많은 돈을 쏟아부은 후보가 당선될 수밖에 없는 상황이지요.

이러한 문제는 결국 정치와 선거에 대한 냉소를 낳습니다. 실제로 투표장에 가는 유권자가 갈수록 줄고 있지요. 특히 미국 대통령 선거 사이에 치러지는, 상하원 의원을 선출하는 중간 선거의 참여율은 매우 낮습니다. 2014년에는 단지 36.3%의 유권자만 투표에 참가했습니다. 국민의 참여가 낮아진 민주주의는 당연히 힘이 약해질 수밖에 없습니다. 이것이 미국의 고민입니다. 우리나라도 마찬가지죠. 미국과 비슷하게 대통령 중심의 공화제를 가진 우리나라도 낮은 투표율로 고민하고 있습니다. 민주주의는 국민의 관심을 먹고 성장하는데 미국도 우리도 걱정이군요.

대통령의 신화

대통령 중심제와 미국인의 역사관

       미국은 삼권 분립 사상을 바탕으로 국가 조직을 운영합니다. 즉 법을 만들거나 개정하는 입법권, 법을 토대로 사건을 판결하는 사법권, 국민들의 생활에 직접적으로 관여하는 행정권으로 권한이 나뉘죠. 입법권은 의회가, 사법권은 법원이, 행정권은 정부가 맡고 있습니다. 대통령은 행정권을 책임지는 수장이자 국가의 원수입니다. 미국은 건국과 동시에 세계 최초로 '대통령'president 이라는 행정부 책임자를 중심으로 국가를 운영하기 시작했고, 이는 세계 민주주의에 있어서 매우 중요한 시험대가 되었지요. 미국이 대통령 중심제를 성공시키느냐 그러지 못하느냐

는 훗날 같은 제도를 따르는 다른 국가들에게 귀중한 본보기가
될 터였으니까요.

미국에서는 대통령을
어떻게 뽑을까

그런데 우리로서는 한 나라의 원수가 대통령인 것
이 별다르게 여겨지지 않지요. 우리나라도 대통령 중심제를 시
행하고 있으니까요. 하지만 우리나라와 달리 대통령이 아예 없거
나 대통령의 권한이 아주 약한 나라들도 있습니다. 이런 나라는
대부분 의원 내각제를 택하고 있지요. 대통령제와 의원 내각제는
어떻게 다를까요?

의원 내각제에서는 내각의 대표인 수상 혹은 총리를 국민이 직
접 뽑지 않고 의회에서 선출합니다. 내각이 의회의 신임에 의존
하기에 행정부와 입법부가 서로 밀접한 관계를 맺으며 협력한다
고 볼 수 있습니다. 권력 융합의 형태를 띠는 것이죠. 이에 비해
대통령 중심제는 행정부와 의회가 분리되어 서로 견제함으로써
권력 분립의 형태를 취하죠. 그래서 미국 정치 제도의 근본 원칙
이 '견제와 균형'입니다. 그런데 만약 대통령의 권력이 너무 강해
서 의회가 이를 제대로 견제하지 못한다면 문제가 생기겠죠? 이
처럼 대통령 중심제의 가장 큰 위험은 대통령의 독재 가능성에
있습니다. 이것만 아니면 똑똑한 대통령의 리더십으로 국정이 효

율적으로 운영될 수 있는 장점이 많은 제도이죠.

　우리나라의 대통령 중심제는 미국 모델을 많이 따르고 있습니다. 하지만 미국의 대통령 선거 절차는 우리나라와 달리 무척 복잡하고 이해하기 어렵다고 생각될지도 모르겠군요. 가장 큰 차이는 우리나라가 국민 개개인의 투표로 직접 대통령을 뽑는 직선제라면, 미국은 주민이 선출한 선거인단을 통해 대통령을 뽑는 간선제라는 점입니다. 각 주의 선거인단은 그 주가 대표하는 연방 상하원 수와 통일한 명수로 구성되며, 해당 주민의 의사를 그대로 따릅니다. 가령 선거인단 10명을 갖는 주라고 가정해 봅시다. 주민들은 먼저 자신이 지지하는 대통령 후보에 투표를 합니다. 거기서 후보 A가 후보 B보다 한 표라도 더 얻으면 선거인단 10명은 모두 A를 선택해야 합니다. 쉽게 말해 주민 다수결로 미리 그 주가 지지하는 대통령 후보를 결정하고, 그 결정된 바를 선거에 반영하는 것이지요.

잘난 대통령
못난 대통령

　　대통령 중심제에서는 국가의 원수인 대통령 자신이 얼마나 성공적으로 업무를 수행하느냐 하는 점이 중요합니다. 미국인들에게 누가 미국 역사에서 가장 실패한 대통령이냐고 물으면 대부분 고개를 갸우뚱하면서 한참 생각할 겁니다. 하지만 성

러시모어 국립 공원에 있는 위대한 미국 대통령 4인의 조각상. 왼쪽부터 조지 워싱턴, 토머스 제퍼 슨, 시어도어 루스벨트, 에이브러햄 링컨.

공한 대통령을 물으면 바로 대답이 나오죠. 초대 대통령 워싱턴 이나 노예 해방과 남북 전쟁의 영웅 링컨, 뉴딜과 2차 대전의 영 웅 프랭클린 루스벨트, 뉴 프런티어를 외친 케네디 등 우리에게 도 익숙한 이름들이 등장합니다.

그렇다고 실패한 대통령보다 성공한 대통령이 훨씬 많았다는 얘기는 아닙니다. 사실 재임 기간 동안 이렇다 할 업적을 남기지 못한 채 잊힌 대통령이 더 많죠. 초대 대통령 워싱턴과 3대 대통 령 제퍼슨을 포함해 초창기 대통령들은 대부분 이름을 남겼지만,

7대 대통령 잭슨과 16대 대통령 링컨 사이에는 또렷하게 기억되는 대통령이 없습니다. 그리고 링컨부터 26대 대통령 시어도어 루스벨트 사이에도 유명한 대통령이 없지요. 굳이 미국 대통령을 '잘난 대통령'과 '못난 대통령'으로 구분해서 평가하자면 못난 대통령이 훨씬 많았다고 할 수 있습니다. 그렇다면 미국의 대통령제는 성공을 거두지 못한 걸까요? 미국인들이 몇몇 유명한 대통령을 중심으로 엮어 내는 대통령 신화는 허구일까요?

대통령 신화를 만든
인물들

초대 대통령 워싱턴은 미국의 대통령 신화를 이해하는 중요한 열쇠입니다. 앞서 1부에서 워싱턴이 '대통령 폐하' 혹은 '각하'라고 부르는 것을 달갑게 여기지 않아 '미스터'라는 호칭을 권했다고 얘기했지요? 그래서 지금도 대통령에 대한 공식 존칭은 '미스터 프레지던트'입니다. 게다가 워싱턴은 입법, 사법, 행정 중에서 행정부만을 총괄한다는 '프레지던트' 개념에 충실하려 했습니다. 행정 영역을 넘어 패권을 휘두르지 않았지요. 그리고 두 번의 임기를 마친 후 스스로 대통령직에서 물러납니다. 미국 헌법에서 대통령의 임기를 제한한 것은 150여 년이나 지난 1951년이지만, 워싱턴 이후에도 대통령들은 전례에 따라 두 번 이상 집권하지 않았습니다.

어느 나라, 어느 민족이든 독립 후 첫 시작이 중요하죠. 얼마나 많은 독립 국가들이 첫 단추를 장기 집권으로 잘못 꿰어서 아픔을 겪었는지 역사는 냉정하게 기억하고 있습니다. 우리나라 또한 예외는 아니고요. 최초의 대통령으로서 첫 걸음을 성공적으로 내디뎠다는 점에서 워싱턴은 미국 대통령 신화를 일군 선구자라 할 수 있습니다.

한편 미국 역사에서 가장 유명한 대통령은 에이브러햄 링컨입니다. 링컨은 전무후무한 미국 최고의 영웅이며 우상입니다. 노예제를 없앤 위대한 해방자로 추앙받으며, 그의 생애를 다룬 책은 전 세계에서 가장 인기 있는 위인전이죠. 우리나라에도 링컨을 모르는 사람이 없을 정도입니다. 링컨은 역사적 인물을 넘어 신화적 인물로 재탄생했다고 말할 만한데, 러시아 문호 톨스토이는 그를 '작은 예수'로 칭하며 인류의 성자로 치켜세우기까지 했죠.

하지만 링컨에 대한 부정적인 평가도 만만치 않습니다. 그중 가장 대표적인 것이 남북 전쟁 중에 선포한 노예 해방 선언이 전쟁에서 승리하기 위한 정치적인 전략이었다는 관점입니다. 또한 링컨은 전시 상황이라는 점을 들어 언론을 탄압했고, 타인의 신체를 구속하려면 그 일시와 이유를 미리 법원에 심사받아야 한다는 인신 보호 영장에 관한 법을 사실상 중지시키는 등 헌법에 어긋나는 반인권적인 정책을 펼치기도 했습니다. 그럼에도 링컨이 미국의 영웅으로 추앙받는 까닭은 미국 초기 이른바 '건국의 아

미국 의회 도서관 벽화인 「정부」의 일부분. "인민의, 인민에 의한, 인민을 위한 정부"라는 글귀가 보인다.

버지들'●이 추구하고자 했던 미국의 민주적 가치를 지키려 했기 때문입니다. 이는 미국 최고의 명연설로 꼽히는 게티즈버그 연설을 통해 잘 드러나죠. 링컨은 미국이 "자유 속에서 잉태되고 만인은 평등하게 태어났다는 명제에 봉헌된" 나라임을 상기시켰습니다. 특히 "인민의, 인민에 의한, 인민을 위한 정부"라는 구절은 민주주의를 규정하는 불멸의 명언으로 기억되고 있습니다.

역사를 어떻게 볼 것인가

완벽한 사람이 없듯이 완벽한 대통령도 존재하지 않습니다. 여러 대통령들이 부족한 모습을 보여 왔고 실패한 경우도 적지 않습니다. 예를 들어 1993년부터 2001년까지 두 번의 임기 동안 미국의 경제를 순탄하게 이끌었던 빌 클린턴 대통령도 개인적 스캔들로 국민들을 당혹스럽게 했지요.

그러나 미국인들은 큰 틀에서 실패한 대통령보다는 성공한 대

● 미국은 독립 선언에 참여한 이들을 '건국의 아버지들'이라고 부르며 각별히 존경하고 그들의 공훈을 기린다. 링컨은 '노예제 문제를 각 주에서 투표로 결정하자.'라는 의견에 반대하며, 건국의 아버지들이 밝힌 민주주의 가치와 원칙을 따라야 한다고 역설했다.

통령에 초점을 맞춥니다. 이는 대통령 자신도 마찬가지입니다. 1933년 대통령 취임사에서 프랭클린 루스벨트는 의미 있는 연설을 합니다. 그는 "친애하는 국민 여러분"이 아니라 "친애하는 후버 대통령"이라는 말로 연설을 시작했습니다. 후버는 대공황을 초래한 장본인이자 재선에 도전해 선거에서 루스벨트와 경쟁한 선임 대통령이지만, 루스벨트는 오히려 그에게 깍듯이 예의를 갖춘 것입니다. 같은 시기에 독일 총통이 된 히틀러가 이전 바이마르 정권을 신랄하게 비판했던 것과는 사뭇 다른 그림이죠.

한 나라의 리더나 국민이 과거를 차갑고 어두운 시선으로 보느냐, 아니면 따뜻하고 밝은 시선으로 보느냐 하는 차이는 엄청나게 다른 결과를 낳습니다. 미국인들은 과거사의 어두운 부분보다는 밝고 긍정적인 부분을 부각하고 끊임없이 되새기면서 미국적 전통과 가치관을 세우고 다졌습니다. 미국이 세계 최초로 시도한 대통령제를 성공적으로 운영하고 있는 가장 큰 힘은 훌륭한 대통령을 중심으로 끊임없이 그들만의 대통령 신화를 만들어 가기 때문이라고 볼 수 있습니다.

미국의 자본주의
노력하는 만큼 성공한다는 믿음

오늘날 미국은 세계 자본주의의 중심지입니다. 산업 혁명을 가장 먼저 시작한 영국이 자본주의의 원조라고 할 수 있으며, 엄청난 인구를 토대로 세계 최대의 노동 및 소비 시장을 갖춘 중국이 떠오르는 신흥 강자이지만, 여전히 미국은 세계 경제의 주도권을 쥐고 있습니다.

자본주의란?

그런데 자본주의란 무엇일까요? 쉽게 얘기하면 개인이 돈을 가질 수 있고, 돈으로 물건을 사고팔 수 있는 사회 경제 체제를 말합니다. 여기서 중요한 것은 '개인'입니다. 이윤을 추구하는 개인의 경제적 행위를 어떤 조직이나 국가가 간섭할 수 없다는 것이 자본주의의 핵심 원칙이죠. 그래서 영국의 경제학자 애덤 스미스는『국부론』이라는 유명한 저서에서 개인을 중심으로 상호 이익을 추구하는 것이 시장의 작동 방식이며, 그 시장을 움직

『국부론』을 쓴 애덤 스미스의 초상.

이는 '보이지 않는 손'an invisible hand에 맡겨야 한다고 주장했죠.

　자본주의의 교과서라 할 수 있는『국부론』이 1776년에 출판된 것은 의미심장합니다. 바로 미국이 독립을 선언한 해이거든요. 그리고 미국은 이미 스미스가 얘기한 대로 '보이지 않는 손'에 의해서 시장이 작동하고 있었습니다. 앞서 여러 차례 강조했듯 미국은 시작부터 개인적 야망을 품고 유럽에서 건너온 사람들이 개척한 곳입니다. 처음에는 종교적 이유가 컸지만 시간이 지나면서 경제적 야망이 이주의 가장 주요한 요인이었습니다. 온갖 어려움을 극복하고 미국에 정착한 이들은 국가나 다른 외부 세력이 그들의 경제적 행위를 규제하거나 간섭하는 것을 용납하지 않았습니다. 이것이 미국이 영국으로부터 독립한 근본적인 이유이기도 했고요.

이렇듯 미국은 세계에서 가장 비옥한 자본주의 토양을 가지고 출범한 나라라고 할 수 있습니다. 이러한 토양은 시간이 지나면서 더욱 비옥해졌고, 수많은 사람들이 세계 곳곳에서 '아메리칸 드림'을 품고 미국으로 건너왔죠. 미국이 세계 자본주의의 메카가 될 수밖에 없었던 중요한 배경입니다.

성공의 열쇠는 자신이 쥐고 있다

자본주의의 가장 큰 매력은 개인이 자신의 경제적 성공에 대한 열쇠를 쥐고 있다는 데 있습니다. 타고난 신분에 따라 여러 제약을 받았던 봉건 사회와 비교하면 개인의 노력으로 부와 명예를 얻을 수 있다는 가능성이 얼마나 큰 장점인지 잘 와 닿지요. 그래서 초기 유럽 이주민들은 미국을 '젖과 꿀이 흐르는 신대륙'이라고 했습니다. 이 말은 글자 그대로는 과장이죠. 당시 미국은 개발되지 않은 척박한 곳이 많았고, 인디언을 비롯한 다른 세력의 위협도 만만치 않았으니까요. 하지만 유럽의 귀족주의와 같은 신분적 계급 차별이 없는 곳에서 누구든 노력한 만큼 얻을 수 있다는 희망이 이런 말로 표현된 것이라 할 수 있습니다. 특히 미국인들이 자신의 의지와 열정으로 운명을 개척할 수 있다고 진심으로 믿고 희망한 것은, 미국 땅에 자본주의가 꽃피는 데 아주 중요한 밑거름이 되었습니다.

게다가 미국의 자본주의는 시대적인 운이 잘 맞아떨어졌습니다. 영국을 중심으로 서부 유럽에서 이미 산업 혁명이 무르익은 시기였기 때문에 산업 혁명의 긍정적인 효과를 가장 많이, 그리고 직접적으로 볼 수 있었거든요. 무엇보다 미국은 기근으로 고통받지 않았습니다. 사람이 먹을 것이 없어서 굶주리고 병약해지면 온갖 질병에 노출될 가능성이 큽니다. 유럽은 오랫동안 흑사병 같은 전염병으로 사람들이 어마어마하게 죽어 나갔습니다. 미국에서는 다행스럽게도 그런 일이 거의 발생하지 않았죠. 유럽 국가들보다 땅이 넓은 만큼 개척할 땅도 많았고, 슬럼화된 도시 지역이 거의 없었으며, 인구 밀도가 낮은 만큼 전염병이 확산될 확률도 적었거든요. 1800년에 미국인의 평균 수명이 37세였는데 1900년에는 47세로 뛰었습니다. 이는 산업 혁명을 먼저 시작했던 서유럽 국가들보다도 높은 수치였지요. 현재 미국인의 평균 수명이 80세이니 그 정도의 변화는 별것 아닌 듯 보일지 모르지만, 당시로서는 비약적인 진보였다고 할 수 있습니다.

자본주의의 발달과 민주주의의 성숙

오늘날 빈부 격차와 같은 폐해가 워낙 심각하기 때문에, 많은 이들이 자본주의에 대해 좋지 않은 인상만을 품고 있을지도 모릅니다. 하지만 초기 자본주의와 민주주의는 따로 떼어 생각할 수 없는 관계였습니다. 독립 선언문에 나타난 미국의 가치는 '생명, 자유, 행복의 추구'입니다. 여기서 자유는 정치적 자유뿐 아니라 경제적 자유를 포함합니다. 미국 독립에 사상적으로 큰 영향을 끼쳤던 존 로크라는 영국의 철학자는 노동을 통해 얻은 자기 재산을 지키는 것이 자유의 근본이며 자연권이기에, 그 권리를 안전하게 보호하기 위해 통치자와 피통치자가 사회적 계약을 맺으면서 국가가 발생했다고 주장했습니다. 즉 국가가 존재하는 가장 큰 이유는 개인의 재산을 보호하는 데 있다는 것이죠. 한편, 언뜻 추상적인 구호처럼 보이는 '행복의 추구'라는 말도 독립 선언문의 초안에는 '재산을 보호하고 지키는 권리'로 쓰여 있었습니다. 하지만 이 말을 그대로 두면 독립 선언이 마치 이미 부를 축적한 사람들만을 위한 것이라고 오해될 소지가 있기에 행복 추구권으로 표현을 바꾼 것입니다. 표현이 어떻든 군주나 왕은 타고나는 것이니 명령에 따르고 충성해야 한다는 봉건적 사고에서 벗어나 국가가 개인을 적극적으로 보호해야 한다고 생각하게 된 것은 크나큰 변화였지요.

사람은 대부분 자신이 가진 것을 지키려 합니다. 특히 스스로 노력해서 얻은 것이면 더욱 지키고 싶은 의지가 강하고, 이는 남들보다 훨씬 많이 가진 사람도 마찬가지이죠. 이러한 개인이 모인 사회에서는 언제나 갈등과 분쟁이 발생하기 마련이라 사람들은 자신의 이익을 대변해 줄 정치적 대리인을 찾게 됩니다. 이는 점차 그 대리인을 선출하는 참정권을 마련하고 확대하는 민주주의의 발전으로 이어집니다. 1830년대에 미국은 이미 백인 남성의 보통 선거권®이 시행되었습니다. 비록 흑인이나 여성에게는 적용되지 않았다는 한계가 있지만, 세계 최초로 재산, 교육, 종교 등과 상관없이 성년에 도달한 백인 남성이면 누구나 평등하게 선거권을 가지게 된 거죠. 이러한 보통 선거가 시행된 시점은 1812년부터 3년간 벌어진 영국과의 전쟁에서 승리한 미국이 본격적으로 자본주의 중흥기에 들어선 시기와 맞물립니다. 그 후 1920년 미국에서는 세계 최초로 여성 참정권이 시행되었습니다. 이는 남성 중심적인 가부장제에 대항한 여성들의 눈물겨운 투쟁이 있었기에 가능한 일이었지만, 19세기 후반 급속한 산업 혁명으로 여성들의 노동력이 필요해지고 사회적 역할이 중요해진 것과도 밀접한 관계가 있습니다.

빈부 격차의 문제를 해결하려면?

미국이 개인의 경제적 야망을 추구하는 데 최적의 환경을 제공해 온 나라임은 틀림없습니다. 그러나 누구나 미국에서 성공할 수 있었던 것은 아닙니다. 19세기 후반의 급격한 산업화로 미국은 그야말로 세계에서 가장 강력한 경제 대국으로 발돋움했지만, 시간이 흐르면서 인구는 폭발적으로 늘어난 반면 일자

● 대다수 민주주의 국가는 보통·평등·직접·비밀 선거라는 4대 원칙에 따라 선거를 치른다. 보통 선거란 일정 연령을 넘으면 국민 모두가 선거권을 갖는 것. 평등 선거는 유권자가 동일하게 1인 1표를 행사하는 것, 직접 선거는 중간 선거인 없이 권리를 직접 행사하는 것, 비밀 선거는 어느 후보자를 뽑는지 비밀에 부치는 것을 말한다. 미국은 직접 선거 대신 간접 선거를 시행한다.

2011년 월스트리트 점령 시위의 한 장면. 월스트리트는 뉴욕 맨해튼에 위치한 금융가다. 세계 금융 위기로 서민의 삶이 위태로워졌음에도 은행 직원들은 보너스를 받는 등 금융가의 부도덕함이 계속되었고, 이에 많은 시민이 분노해 시위를 벌였다. 시위대는 1%의 금융 갑부가 부의 대부분을 차지하는 현실을 비판하면서 '우리는 99%다.'라는 구호를 외쳤다.

리는 갈수록 줄어들었습니다. 아메리칸드림은 글자 그대로 '드림', 꿈일 뿐이었지요.

특히 빈익빈 부익부 현상이 심각한 사회 문제로 대두되기 시작했습니다. 로버 배런robber baron이라는 말을 들어 보았나요? 원래 이 말은 '날강도 귀족'이라는 뜻으로 중세 영국에서 자기 영지를 지나가는 사람들에게 금품을 빼앗던 귀족을 가리켰어요. 하지만 19세기에는 '악덕 자본가'라는 뜻으로 쓰였습니다. 19세기를 '로

버 배런의 시대'라고 할 정도이니 자본가들의 횡포가 얼마나 극심했는지 짐작이 갑니다.

시간이 흐르면서 이런 산업 자본가들의 횡포를 규제하는 정책이 등장해 미국의 자본주의는 어느 정도 보완이 됩니다. 하지만 미국은 기본적으로 가진 자들의 천국입니다. 지금도 상위 1%의 부유한 사람들이 미국 전체 부의 40%나 점유하고 있죠. 반면에 미국의 밑바닥 계층에 자리한 흑인이나 히스패닉계* 미국인의 처지는 좀처럼 나아질 기미가 보이질 않습니다. 도시 빈민가에서 하루하루를 간신히 살아가는 흑인들이 어떻게 좋은 교육을 받을 수 있겠어요. 대학 등록금은 갈수록 인상되어서 중산층도 감당하기가 어려운데, 사회 하층민들은 더욱더 그렇습니다. 교육을 제대로 받지 못한 흑인과 히스패닉계 가정의 자녀들은 성년이 되어도 결국 저임금 노동에 몰리지요. 글로벌 자본주의 경쟁 속에서 살아남으려면 교육 기회의 불균형을 극복해야 하는데, 해결의 실마리가 잘 보이지 않습니다.

앞으로 미국은 어떻게 기회의 평등이나 소득 분배의 문제를 해결해 갈까요? 미국의 행보는 글로벌 자본주의 체제에 깊숙이 들어와 있는 우리나라에도 많은 시사점을 던져 줍니다.

● 라틴 아메리카의 스페인어권 나라에서 온 이민자와 그 후손을 가리키는 말.
리티노 혹은 라틴계라고도 한다.

뉴딜 정책

새로운 미국을 만든 수정 자본주의

1929년 10월 24일을 '검은 목요일'이라고 합니다. 미국 자본주의 역사에서 가장 시커먼 그림자가 드리워진 날이기 때문이죠. 이날 사상 최대 규모의 증권이 매매되었는데, 대부분 가장 낮은 가격에 거래되었습니다. 미국 경기가 최악으로 치닫고 있다는 두려움 때문이었죠. 소문이 퍼져 나갈수록 너도나도 손해를 무릅쓰고 증권을 헐값에 내놓기 시작했고, 미국 경제는 최악의 혼란으로 치닫게 됩니다. 미국은 '대공황'the Great Depression 의 깊은 수렁에 빠지고 말았습니다.

미국 경제의 최대 위기
대공황

대공황은 미국 경제의 최대 위기였습니다. 사람들은 빵 배급을 받기 위해 긴 줄을 서야 했고, 버려진 사과 조각 하나라도 찾으려 쓰레기통을 뒤졌으며, 고층 빌딩에서 투신자살하는 사건도 하루가 멀다 하고 발생했죠. 이는 뉴욕 같은 대도시에서만 볼 수 있는 현상이 아니었습니다. 농촌의 상황도 별반 다를 바 없었죠. 농민은 일손을 멈추었고, 농토는 순식간에 잡초투성이로 변해 갔습니다. 견디다 못한 농부들은 짐을 싸 무작정 캘리포니아로 떠났습니다. 옛날에는 금을 캐려는 등 '한탕'을 노리고 서부로 향했지만, 이젠 기아를 벗어나기 위해 지푸라기라도 잡는 심정으로 서부로 향한 것입니다.

캘리포니아는 기회의 땅이 아니라 피난촌이 되었습니다. 소설가 존 스타인벡은 1939년 발표한 장편소설 『분노의 포도』*에서 정든 농토와 고향을 등지고 캘리포니아로 향하는 농부들의 애환을 생생하게 묘사했죠. 그는 구약 성서의 출애굽기를 본떠서 대공황 시기 미국인의 이주를 그려 냈습니다. 자본주의의 파라다이스였던 미국이 이런 상황에 처할 거라고 그 누가 상상이나 했겠습니까?

그러나 대공황은 갑작스럽게 찾아온 악재가 아니었습니다. 앞서 얘기했듯이 미국의 자본주의는 심각한 문제를 안고 있었습니

● 1930년대 경제 대공황과 가뭄이 겹치고 트랙터 등 기계가 발전되며 많은 농부들이 땅과 일자리를 잃었다. 『분노의 포도』는 가난한 소작농 가족인 조드 일가가 오클라호마에서 캘리포니아로 이주하는 여정을 그리며 현대 사회의 모순을 고발했다. 1940년 영화화되어 더욱 널리 알려졌다.

대공황의 여파가 계속되던 1936년의 사진. 캘리포니아의 이주민 캠프에서 한 여성이 아이들과 함께 지친 모습으로 앉아 있다.

다. 급속한 산업 혁명은 엄청난 빈부 격차를 낳았고, 거대 산업 자본가들은 마음대로 야욕을 채웠으며, 정부는 그들을 규제하기를 꺼렸습니다. 게다가 유럽 경제는 1차 대전 이후 공황 상태에 빠져 있었습니다. 유럽 시장이 위축되어 수출이 줄어들자 미국의 제조업이 흔들렸고, 갈수록 실업률이 높아지면서 미국 내 소비 시장도 얼어붙게 됩니다. 결국 문을 닫는 공장이 늘어나고 공장주나 돈 있는 사람들은 보이지 않는 주식에 현금을 투자하면서 미국 사회는 순식간에 주식 투자 광풍에 휩싸입니다. 경제가 최악의 불황을 겪고 있는데 주식의 가치만 치솟는 것은 시한폭탄을 껴안고 있는 상황이나 마찬가지였습니다. 만약 주식 시장이 무너지면 미국 기업은 줄줄이 도산할 것이 뻔했기 때문이죠. 결국 그 시한폭탄이 1929년 10월 24일에 터지고 말았던 것입니다.

뉴딜,
경제를 다시 일으키다

　　　　대공황으로 미국 자본주의가 사상 최악의 위기에 처하자 미국 민주주의도 최대의 위기를 맞게 되었습니다. 자본주의 국가로 시작해 자본주의의 성장과 더불어 민주주의도 발전해 온 나라가 미국이었으니까요. 건국 이후 크고 작은 삐걱거림은 있었어도 자본주의 자체는 흔들림이 없었으며, 이는 곧 민주주의에 대한 믿음을 확고하게 다져 주었습니다. 그런데 그 믿음이 대공황으로 하루아침에 물거품이 되어 버리고 말았죠.

　대공황이 가져온 민주주의에 대한 불신을 극복하는 것은 정부의 큰 숙제였습니다. 이러한 위기 속에서 1932년 대통령에 당선된 프랭클린 루스벨트는 자신이 무엇을 해야 하는지 정확히 알고 있었습니다.

루스벨트 대통령이 선택한 정책이 바로 그 유명한 '뉴딜'New Deal 입니다. '딜'이란 카드 게임에서 새로운 판을 시작하여 카드를 나눠 주는 것을 말하는데, 뉴딜 정책은 미국 자본주의의 새로운 판을 짠다는 의미였죠. 루스벨트는 대공황의 근본적인 원인이 과도한 자유주의적 경제 정책에 있다고 보았습니다. 19세기 후반 급속한 산업 혁명의 결과로 빈익빈 부익부 현상이 심화되었지만 정부는 기존의 자유주의적 원칙을 고수하고 있었죠. 즉 정부가 시장에 개입하거나 간섭해서는 안 되고, 경제를 기업과 개인에 맡겨야 한다는 원칙이었습니다. 루스벨트는 그 원칙에 변화를 주고자 했는데, 대공황이라는 비상 상황에서 정부와 대통령이 경제에 적극적으로 개입해 흐트러진 질서를 바로잡고, 정책의 초점을 그동안 소외되었던 계층에 맞추고자 했습니다.

뉴딜의 3대 슬로건은 '구제, 부흥, 개혁'이었습니다. 빈궁과 불안에 떠는 국민을 '구제'해서 경제적 '부흥'을 꾀하고, 그 과정에서 미국 경제 체제에 대한 '개혁'을 시도하는 것이죠. 테네시 강 유역 개발 계획TVA을 보면 뉴딜 정책을 잘 이해할 수 있습니다. TVA는 테네시 강 유역에 거대한 댐을 조성하는 대규모 국토 개발 사업인데, 그 사업의 궁극적인 목적은 일자리를 창출하는 것이었습니다. 이를 통해 실업률을 떨어뜨리고 경기를 활성화시켜 정부에 대한 국민들의 신뢰를 회복하려 했죠. 그리고 더 중요한 것은 이 과정에서 경제 개혁의 주도권을 기업이나 자본가가 아닌 정부가 쥐는 것이었습니다.

소외된 계층에게
미국인의 자부심을

뉴딜이 TVA처럼 경기 부양 정책으로만 이루어졌던 것은 아닙니다. 루스벨트는 뉴딜 정책의 일환으로 문화 예술에 관한 다양한 사업을 벌였습니다. 연방 미술 프로젝트, 연방 연극 프로젝트, 연방 작가 프로젝트 등이 대표적입니다. 대공황 속에서 일감을 잃었던 수많은 미술가, 연극배우, 작가들이 연방 프로젝트에 고용되어 자신이 사는 지역에서 예술적 기량을 마음껏 발휘할 수 있었습니다.

언뜻 보면 대공황 같은 위기에 무슨 신선놀음이냐고 반문할 수도 있겠죠? 이들 문화 사업은 수익과 직결된 사업이 아니니까요. 하지만 루스벨트가 문화 예술 사업으로 얻고자 했던 것은 뉴딜의 목적과 일맥상통합니다. 뉴딜의 궁극적인 목적은 그동안 소외받은 계층을 포함해 모든 미국인이 미국의 체제와 가치에 자부심을 되찾도록 하는 것이었죠. 예술가들을 활용해 지역의 문화와 예술을 부흥시켜서 결국 국가와 민족 전체의 자부심과 신뢰를 드높이려고 했던 것입니다.

한편 루스벨트는 대공황이라는 위기를 기회로 삼아 그동안 소

노동자들이 일하는 현장과 그 현장을 스케치하는 화가의 모습을 담은 사진.

외되고 차별받아 온 흑인들의 처우를 개선하고자 했습니다. 연방 문화 프로젝트에는 흑인들이 많이 참여했습니다. 흑인들은 노예 시대부터 미국 사회의 중요한 구성원이었지만, 그들의 역사와 문화는 가려지거나 묻혀 있었습니다. 그런데 다양한 프로젝트를 통해 흑인들의 문화와 생활 등에 대한 대대적인 복원, 기록 작업이 이루어졌습니다. 구술과 녹취 작업이 진행되었고, 체계적인 자료 수집이 이루어졌죠. 이는 훗날 흑인의 역사와 문화를 재조명하는 데 중요한 토대를 제공했을 뿐 아니라, 흑인들이 미국에 대한 자긍심을 갖게 하는 데도 큰 도움이 되었습니다.

수정 자본주의의
시작

　　뉴딜은 미국 자본주의 역사에서 이정표가 되는 사건입니다. 미국 자본주의 역사를 둘로 나누면 뉴딜 전과 뉴딜 후라고 할 수 있습니다. 뉴딜은 개인과 기업에 맡겨졌던 자유방임적 자본주의 체제에서 정부가 필요에 따라 경제에 개입해 조직과 체질을 변화시키는 수정 자본주의로 전환하는 계기가 되었습니다.

　최근 우리나라에도 '복지 자본주의'라는 용어가 많이 쓰이고 있습니다. '나 혼자 잘살아 보세.'를 외치는 자유주의적 자본주의에서 '함께 잘살아 보세.'를 추구하는 수정 자본주의로 변화하는 추세인 것이지요. 일종의 뉴딜식 자본주의라고 할 수 있겠군요.

　여기서 한 가지 기억해야 할 부분이 있습니다. 뉴딜은 분명 미국 경제에 상당한 체질 변화를 불러일으킨 혁명 같은 정책이었습니다. 하지만 루스벨트가 뉴딜을 통해서 새로운 미국을 만들어 내려 했던 것은 아닙니다. 오히려 그 반대였죠. 뉴딜 정책을 통해 기존의 자본주의 원칙에 변화를 가하되, 그 변화를 통해 궁극적으로는 미국의 체제와 가치에 대한 확신을 굳건히 다지고자 했던 겁니다.

　그래서 루스벨트는 1933년 대통령 취임 연설에서 미국 체제에 대한 자부심을 환기시켰습니다. 그는 역사의 굽이마다 위기를 극복했던 과거사에 대한 믿음을 강조했고, 미국이 겪고 있는 현재의 위기가 "본질적인 실패에서 온 것"이 아니며, 미국은 "아직도 감사해야 할 것들이 많이 있다."라고 말했습니다.

뉴딜은 미국 자본주의 문제에 대한 근본적인 해법이었다기보다는 미국을 더욱 새롭게 하는 촉진제였다고 할 수 있습니다. '위기는 곧 기회다.' '비온 뒤에 땅이 더 굳어진다.'라는 말을 뉴딜에도 적용할 수 있겠군요.

다문화주의

다양성을 존중하는 가치관

　　미국 남부 어느 초등학교의 교실을 한번 들여다볼까요? 학생들이 담임 선생님과 함께 가슴에 손을 얹고 '충성의 맹세'를 합니다.* "나는 미합중국 국기와 그 국기가 상징하는, 신의 보호 아래 나누어질 수 없으며 모든 사람에게 자유와 정의를 베푸는 공화국에 충성을 맹세합니다." 그런데 선서를 하는 학생들의 절반 이상은 멕시코나 중남미 출신의 히스패닉계이고, 나머지는 흑인, 아시아계 그리고 백인입니다. 그러고 보니 선생님도 히스패닉계군요.

　　이러한 광경은 히스패닉계 이민자가 많은 남부와 남서부 지역

● '충성의 맹세'는 미국에서 공식 의례 등을 거행할 때 쓰이는데, 학교에 따라 매일 오전 조회 시간에 이뤄지기도 한다. 유럽 등지의 다른 민주주의 국가에서는 이러한 맹세가 흔치 않다.

에서만 보이는 게 아닙니다. 뉴욕 같은 대도시 학교에서는 흑인이 반수가 넘는 경우도 많지요. 한국이나 다른 아시아계 이민자가 많은 로스앤젤레스에서는 아시아계가 만만치 않은 비율을 차지하고 있고요. 이처럼 미국의 얼굴이 급속도로 변하고 있습니다.

그렇다고 백인이 비주류라는 얘기는 아닙니다. 미국 전체를 놓고 보면 여전히 백인의 수가 다른 인종의 수보다 많습니다. 하지만 그 비율은 상대적으로 줄고 있으며, 인종 비율에서 백인이 소수에 해당하는 곳도 도시 10개당 하나꼴입니다. 이러한 추세는 더 확산될 것이며, 2050년에는 백인이 전체 인구의 47%까지 떨어질 전망입니다. 얼마 있지 않아 앞서 소개한 초등학교 교실의 광경을 미국 어디서나 볼 수 있겠군요.

아일랜드 이민자들의 험난한 정착기

"E Pluribus Unum!" 미국 정부의 국장에 새겨진 표어로, '여럿으로 구성된 하나'라는 뜻의 라틴어입니다. 식민지 시대부터 다양한 인종, 민족, 종교가 공존했고 건국 당시 13개의 서로 다른 국가가 모여 하나의 연방 체제로 시작했던 미국의 정체성을 잘 표현한 말이라고 할 수 있습니다.

그러나 '여럿으로 구성된 하나'에서 그 하나가 과연 무엇이며 무엇이 되어야 하는지는 끊임없이 논란이 되었습니다. 어떤 조직이든 구성원 모두가 완벽하게 평등을 누리기란 정말 어려운 일이죠. 주류가 있다면 비주류가 있으며, 힘이 있는 부류가 있으면 그렇지 못한 부류가 있기 마련입니다. 오랫동안 미국의 주류는 초창기에 이민을 와서 건국을 주도했던 '와스프'WASP였습니다.

미국을 상징하는 공식적인 국장.

와스프는 White Anglo-Saxon Protestant의 줄임말로 백인, 앵글족, 색슨족, 개신교도를 합쳐 부르는 용어입니다.

1830년대 아일랜드인들이 미국으로 건너오자● 와스프는 긴장하기 시작합니다. 미국 전체 이민의 3분의 1을 차지할 정도로 아일랜드인 이민이 무서운 기세로 늘어났기 때문이죠. 그런데 아일랜드인들이 미국에 오면 뭐가 문제일까요? 와스프가 예민하게 반응한 까닭은 간단합니다. 영국인들이 가장 싫어하는 사람이 아일랜드인이었거든요. 영국과 아일랜드는 수 세기 동안 원수지간이었고 종교도 달랐습니다. 영국은 12세기부터 아일랜드를 침략했으며 17세기에는 본격적으로 식민지화했습니다. 영국인은 아일랜드인을 '하얀 흑인'이라고 부르며 경멸했죠. 당시 미국은 영국계와 개신교도가 주류였기 때문에 가톨릭을 믿는 아일랜드인들이 겪을 수난은 불을 보듯 뻔한 일이었습니다.

영국계 미국인들은 '더럽고 가난한 가톨릭 신봉자' 아일랜드인

● 아일랜드인의 미국 이민은 1840년대 중반 아일랜드에 대기근이 발생하면서 더욱 급격히 늘었다. 대기근의 직접적인 원인은 감자마름병이었다. 당시 아일랜드를 식민 통치하던 영국이 밀을 수탈해 갔기 때문에 아일랜드인은 감자를 주식으로 삼고 있었는데, 전염병으로 수확량이 현저히 감소하며 대기근이 발생한 것이다. 대기근으로 인한 사망자는 100만 명이 넘었다.

미국의 대도시에 이민자들이 몰려들며 집합 주택 단지가 형성됐다. 사진은 1900년대 뉴욕의 풍경.

으로부터 미국의 정체성과 문화를 지키겠다며 적극적으로 나서기 시작했습니다. 이를 토박이주의 운동이라고 하는데 일종의 문화 정화 운동인 셈이죠. 대도시를 중심으로 반反아일랜드 운동이 격화되었고, 곳곳에서 폭력이 난무했습니다. 그 대표적인 것이 1844년 필라델피아 폭동입니다. 5월과 7월 두 번에 걸친 폭동으로 30여 명이 목숨을 잃고 100여 명이 부상을 당했죠.

그 후 19세기 후반에 들어서며 미국 사회는 더욱 복잡해졌습니다. 산업 혁명의 영향으로 세계 곳곳에서 이민자들이 물밀듯이 몰려왔으니까요. 그야말로 '이민 홍수'였죠. 이탈리아 등 유럽 남동부에서 온 사람들, 유럽에서 박해를 피해 건너온 유대인들, 미국 아래쪽 국경을 넘어온 멕시코인들, 태평양을 횡단해 온 중국인들 등으로 미국은 세계 최대의 '인종 시장'으로 변모했습니다.

이런 상황에서 와스프들이 가만히 앉아 있을 리 없었겠지요. 이들은 정치, 사회, 문화 모든 면에서 새로운 이민자들을 견제하고 탄압하기 시작했습니다. 살인 사건이 났다 하면 이탈리아 마피아 갱들의 소행으로 치부하기 일쑤였고, 새로운 전염병이 돌면 중국인의 얼굴색에 빗대어 '황색 재앙'이 일어났다고 하면서 중국인에게 책임을 떠넘기곤 했습니다. 1882년에는 연방 의회에서 '중국인 이민 금지법'을 통과시켜 중국인 이민을 아예 막아 버리기까지 했죠. 이는 미국 역사상 최초로 제정된, 특정 민족에 대한 이민 금지법이었습니다.

편협함을 넘어
다양성 존중하기

여러 진통을 겪었지만, 큰 틀에서 보면 오늘날 미국의 다문화주의는 긍정적이고 성공적으로 정착했다고 할 수 있습니다. 특히 다른 국가들과 비교해 보면 그렇지요. 아직까지 세계 역사에서 다문화주의가 성공한 경우는 거의 없습니다. 얼굴색이 다르다고, 종교가 다르다고, 이념이 다르다고 얼마나 서로에게 아픔과 상처를 남겼는지 모릅니다. 지금도 지구 곳곳에서 발생하는 분쟁의 근본적인 원인은 다름을 끌어안지 못하는 편협함이죠.

그런데 미국에서는 더 이상 인종과 종교에 따른 분쟁이 사회전반을 흔들 정도로 심각하게 발생하지는 않습니다. 이민자들은 대부분 성공적으로 미국 땅에 정착했습니다. 유대인이 대표적이죠. 유럽에서는 유대인에 대한 증오와 박해가 줄곧 지속되었으며,• 이러한 반유대주의는 19세기 후반에 더욱 격화되었습니다. 훗날 2차 내전 중에 녹일이 유대인을 무려 600만 명이나 죽였던 배경에는 뿌리 깊은 반유대주의가 자리하고 있었습니다. 그런데 미국으로 건너온 유대인들은 새로운 삶의 터전에 빠르게 적응했고, 순식간에 두각을 나타내며 미국 사회에서 엄청난 영향력을 행사하기 시작했습니다.

그 이유가 뭘까요? 와스프와 같은 미국의 토박이들이 유대인에게는 관대했을까요? 천만에요. 당시 미국 보수주의자들이 외친 구호는 '반흑인, 반가톨릭, 반유대인'이었습니다. 이들은 미국의 정체성을 지키기 위해서라며 흑인과 가톨릭교도, 그리고 유대인을 척결하려 했습니다. 하지만 미국은 이러한 인종 및 종교 혐오주의자들보다 자유와 평등의 건국 이념에 따른 '여럿으로 구성된 하나'라는 표어를 믿고 존중하는 사람들이 더 많았습니다. 이런 의식 있는 사람들이 미국의 다문화주의가 무너지는 것을 막는 방파제 역할을 한 것이죠.

● 중세에 스페인, 포르투갈, 프랑스 등 가톨릭 국가는 유대인을 추방하고 핍박했다. 이러한 반유대주의는 '유대인이 예수 그리스도를 십자가에 못 박아 죽게 했다.'라는 기독교 성경 내용에서 비롯되었으리라 주장된다.

미국의 다문화주의가 성공적으로 정착할 수 있었던 또 다른 배경으로는 민주주의 제도가 있습니다. 정치 권력은 선거를 통해서 획득됩니다. 어떤 집단이 늘어난다는 것은 유권자의 수도 많아진다는 것이니 정치적으로 무시할 수 없죠. 예컨대 처음에는 온갖 차별과 핍박을 받았던 아일랜드인이 시간이 지나

아일랜드 이민자 가족에서 태어나 대통령직에 오른 존 F. 케네디.

그 수가 늘어나면서 만만치 않은 정치 세력으로 등장하게 되었지요. 1960년 선거에서 아일랜드계이자 가톨릭 신자인 존 F. 케네디가 대통령에 당선된 것은 이러한 변화를 잘 대변하고 있습니다. 한때 차별과 핍박의 대상이었던 히스패닉계도 오늘날 그 수가 급속도로 증가하면서 무시 못 할 존재가 되었습니다. 보수적인 정치인들도 선거 때면 그들을 자극하는 발언과 행동을 자제하고, 오히려 환심을 사려고 애씁니다.

다문화주의는
유지될 수 있을까

그렇다면 향후 미국의 다문화주의가 별다른 문제 없이 순조롭게 유지될까요? 글쎄요. 이를 예측하기란 쉽지 않습니다. 그동안 다문화주의의 위기를 극복해 온 역사적 전통에 대

한 신뢰가 있지만, 다른 한편으로 어려울 때마다 상대에게 책임을 전가하며 차이를 보듬지 못했던 역사 또한 엄연히 존재하기 때문이죠.

무엇보다도 걱정되는 부분은 흑백 문제입니다. 미국 다문화 전통에서 흑인은 여전히 도외시되고 있습니다. 히스패닉계나 아시아계 등의 이민자들은 미국 사회에 빠르게 적응하며 그 숫자도 증가하고 있는 데 반해, 흑인들은 여전히 사회의 밑바닥에 속해 있습니다. 빈익빈의 정도가 가장 심한 인종이 흑인입니다. 대도시 빈민가는 여전히 흑인들로 채워져 있으며, 흑인 학생들이 고등학교를 졸업하는 확률은 50%를 넘기 힘듭니다.

경제, 교육 등에서 최하위층인 흑인들의 처지가 개선되지 않고 이들이 어느 순간 사회에 대한 불만과 좌절감을 한꺼번에 터뜨리면 미국 사회는 심각한 혼란을 맞게 될 것입니다. 그러한 가능성을 내비치는 사건이 지금도 간간이 발생하고 있죠. 2014년 미주리 주 퍼거슨 시에서는 비무장 흑인 청소년이 경찰의 총에 맞아 사망하면서 장기간 시위가 이어지기도 했습니다. 희생된 청소년은 아무런 범죄 기록이 없고 흉기도 소유하고 있지 않았습니다. 흑인들은 경찰의 과잉 진압에 항의하며 시위를 이어 갔지요. 흑인 사회가 그동안 경제적 어려움과 사회적 편견에 얼마나 억눌려 있었는지를 보여 주는 사례입니다.

미국의 다문화주의가 궁극적으로 성공하느냐 실패하느냐는 미국의 오래된 소수 민족으로 자리 잡아 온 흑인들이 얼마나 미국 사회에 적응하느냐에 달려 있습니다. 달리 얘기하면 다른 인종, 특히 주류 백인들이 피부색에 따른 편견을 버리고 얼마나 흑인들을 포용하는지에 달려 있다고 할 수 있겠습니다.

아메리칸드림

환상일까, 현실일까

1998년 미국 여자 오픈 골프 대회에서 나이 어린 무명의 한국 여성이 감격적인 우승을 차지했습니다. 우승을 확정 짓는 멋진 샷을 날리고 마지막 홀hole로 걸어오는 그 선수에게 관중들은 모두 자리에서 일어나 우렁찬 박수와 환호를 보냈습니다. 미국 골프계에서 전설이 된 박세리 선수의 이야기입니다.

미국 언론은 박세리 선수가 '아메리칸드림'을 이루며 골프계의 새로운 신데렐라로 등장했다고 치켜세웠습니다. 여성 골퍼가 성공하기 어려운 한국이라는 나라에서 땀 흘려 노력한 끝에 미국 여자 프로 골프LPGA 투어에 참여했고 인생 역전을 이루어 냈기 때문이죠. 텔레비전 화면에 비친 박세리 선수를 보는 우리나라 사람들도 가슴 뭉클했을 것입니다. 그런데 필자는 다른 장면에 눈길이 갔습니다. 마지막 홀로 걸어오는 박세리 선수에게 환호를 보내는 관중들의 모습이었습니다. 당시 골프는 백인 스포츠의 꽃이었고, 관중도 대부분 백인이었죠.

이렇게 상상해 보죠. 천하장사 씨름 대회나 태권도 선수권 대회처럼 우리나라를 대표하는 스포츠 대회에서 피부색이 다른 외국인 선수가 챔피언에 등극했다고요. 과연 우리도 그와 같이 열렬한 환호를 보낼 수 있을까요? 여기서 알 수 있듯 아메리칸드림이 현실이 되려면 미국 사회가 타국인이나 이민자를 얼마나 잘 받아들이느냐가 중요한 조건입니다.

아메리칸드림을 품고 온
이민자들의 천국

미국은 아메리칸드림을 품고 온 이민자들의 천국입니다. 물론 인종, 민족, 종교적 문제로 이민자들이 차별과 핍박을 받은 시기도 있지만, 그것이 아메리칸드림을 깨고 이민을 꺼리게 만들 정도로 심각했던 적은 드뭅니다. 이민자와 이민자의 후손이 성공을 거둔 대표적인 사례가 미국 대통령이 된 버락 후세인 오바마이죠. 아프리카 케냐에서 이민 온 흑인 아버지와 백인 어머니 사이에서 태어난 가난한 아이가 컬럼비아대학과 하버드 로스

오늘날 뉴욕 맨해튼에 형성된 차이나타운의 모습.

쿨을 졸업하고 법조계를 거쳐 상원 의원을 지낸 후 대통령에까지 당선되었으니 말입니다.

아메리칸드림, 듣기만 해도 사람의 마음을 설레게 하는 말입니다. 누구든지 의지와 노력, 그리고 능력만 있다면 미국에서 자신의 꿈을 이뤄 행복하게 살 수 있다는 이 믿음이 오랫동안 전 세계의 수많은 사람들을 미국으로 이끌었습니다. 이 아메리칸드림은 아직까지도 모든 사람에게 열려 있는 걸까요? 혹은 오바마처럼 극소수의 성공 사례를 부풀린 신기루에 불과한 건 아닐까요?

2014년 뉴욕에 살던 한인 가족의 가장이 생활고를 비관해 가족들을 살해하고 자신도 목숨을 끊는 참극이 빚어졌습니다. 이런 비관 자살이 우리나라처럼 자주 일어나지는 않지만 무너진 아메리칸드림은 한인 교포 사회는 물론이요, 다른 이민자 사회에서도 종종 엿보입니다. 아메리칸드림의 붕괴가 최근의 일만도 아닙니다. 오래전부터 소설이나 영화 등에서 아메리칸드림의 어두운 그림자를 그려 왔습니다. 가장 잘 알려진 소설이 1925년 스콧 피츠제럴드가 쓴『위대한 개츠비』인데 영화로도 만들어져 익히 알려진 스토리입니다.

『위대한 개츠비』와 미국의 허상

1920년대는 미국의 물질문명이 극에 다다랐을 때죠. 미국인들은 1차 대전의 암울한 경험과 기억을 뒤로하고 미국이 달성한 자본주의의 열매를 먹고 즐기는 데 정신이 팔려 있었습니다. 역사가들이 '흥청망청의 시대'라고 이름 붙일 정도니 분위기를 짐작할 수 있겠죠? 그런데 그 시대는 또한 '안절부절못하는 시대'라고도 합니다. '흥청망청하다'와 '안절부절못하다'는 언뜻 보면 정반대 같지만 사실은 동전의 양면과 같은 것이죠. 사람이 흥청망청하게 산다는 것은 정신적으로나 심리적으로 뭔가 불안해하며 안절부절못하는 모습과 닮아 있기 때문입니다. 『위대한 개츠비』는 바로 그런 모습을 그려 낸 소설입니다. 1920년대를 배경으로 하지만, 크게는 아메리칸드림의 환상에 가려진 미국 사회의 어두운 허상을 비추고 있습니다.

주인공 개츠비는 모든 것을 가진 갑부 청년입니다. 누구나 그를 부러워하죠. 그는 매일 밤 자신의 대저택에서 초호화 파티를 엽니다. 값비싼 옷을 차려입은 초청 인사들이 화려한 불빛 속에서 재즈 음악과 무희들의 현란한 춤에 젖어 들며 질펀한 향연에 빠집니다. 그들은 무작정 마시고, 먹고, 떠들어 댑니다. 꼭 내일이 오지 않을 것처럼 순간의 향락을 즐기는, 그야말로 흥청망청한 1920년대의 풍경입니다.

그런데 정작 개츠비는 안절부절못합니다. 그가 파티를 연 이유는 자신의 옛 애인인 데이지 때문입니다. 데이지는 개츠비를 사랑했지만 가난한 그를 버리고 돈 많은 남자에게 시집을 가 버렸죠. 그 후 개츠비는 이를 악물고 수단과 방법을 가리지 않으며 돈을 법니다. 당시에 불법이었던 술을 만들어 팔아 백만장자가 되었고, 매일 밤 파티를 열어 자신의 존재와 부를 데이지에게 보여 줌으로써 그녀의 마음을 사려 한 것이죠. 하지만 데이지는 쉽게 다가오지 않고, 개츠비는 더욱 애가 탑니다.

그러나 결국 개츠비는 데이지의 마음을 얻습니다. 둘은 다시 사랑에 빠지지만, 이야기는 비극으로 치닫고 맙니다. 데이지는 남편으로부터 개츠비가 어떻게 부를 축적했는지를 듣고 혼란에 빠지고, 개츠비의 차를 운전하다가 사람을 치어 죽이고 맙니다.

1920년대 미국 문화는 지나치게 화려하고 소비 지향적이라는 비판을 받지만, 한편으로 재즈 음악과 춤, 패션을 발달시키며 많은 예술가들에게 영감을 주었다.

그런데 죽은 사람이 데이지의 남편과 바람을 피우던 유부녀였죠. 개츠비는 사랑하는 데이지를 위해서 자신이 사고를 낸 것으로 조작합니다. 그러자 증오에 찬 사망자의 남편이 개츠비를 살해하고 자살해 버립니다. 개츠비의 장례식에는 데이지도, 그 많던 파티 친구들도 얼굴을 비추지 않았습니다. 호화로운 개츠비의 파티와 너무나 상반되는 외롭고 초라한 장례식이었죠.

『위대한 개츠비』가 나온 지 불과 몇 년이 지나지 않아 미국은 대공황이라는 미국 자본주의의 최대 위기를 맞게 됩니다. 1920년

『위대한 개츠비』의 작가 스콧 피츠제럴드.

대의 흥청망청을 그린 『위대한 개츠비』에는 곧 닥쳐 올 1930년대 대공황의 모습이 절묘하게 겹쳐져 있으며 비극의 기운이 어른거립니다. 저자가 왜 제목을 '위대한 개츠비'로 했는지는 정확히 알 수 없습니다. 데이지를 향한 주인공의 순수하고 희생적인 사랑이 위대해서일까요? 아니면 혹시 흥청망청한 아메리칸드림의 환상에 빠진 미국인에게 옛날의 순수하고 정직한 아메리칸드림을 상기시키고자 했던 것은 아닐까요?

원정 출산과 조기 유학
새로운 아메리칸드림

아메리칸드림을 달성했는가, 그러지 못했는가를 가르는 기준 같은 것은 없습니다. 사람에 따라 성공의 기준과 가치관이 다르기 때문이죠. 또한 시기에 따라서도 다를 수밖에 없습니다. 20세기는 19세기에 비해 아메리칸드림을 성취하기가 상대적으로 어려웠습니다. 그만큼 기회가 줄어들었으니까요. 21세기인 지금은 더욱 어렵습니다. 글로벌 시대와 무한 경쟁 시대에 의지와 열정만으로 성공을 거머쥐기란 쉽지 않은 일입니다.

빈익빈 부익부나 사회 양극화 현상은 갈수록 심각한 문제로 대두되고 있습니다. 2명 중에 1명은 부모 세대보다 더 가난합니다. 부채를 제외한 순수한 개인의 재산이 부모보다 적다는 얘기죠. 계층 간 이동의 기회도 극도로 줄어 갑니다. 경제적으로 가장 밑바닥에 있는 계층이 상위층으로 올라가기란 하늘의 별 따기라서 하위 20%에 속한 사람이 상위층으로 이동할 수 있는 가능성은 단지 4%에 불과합니다. '무일푼에서 벼락부자로'from rags to riches라는 말은 이제 옛날 얘기죠.

그렇다면 오늘날 아메리칸드림은 말을 꺼내기조차 무색할 정도로 불가능한 환상일까요? 꼭 그렇지는 않은 것 같습니다. 미국은 여전히 세계 제1의 경제 대국이며, 다른 어떤 나라에 비해서도 기회가 많은 곳입니다. 그래서 전 세계에서 미국으로 이민을 가고자 하는 사람들이 줄을 잇습니다. 반대로 다른 나라로 이민을 가려는 미국인들은 거의 없습니다.

최근에 중국인들의 미국 원정 출산이 급증하고 있다고 합니다. 미국은 속지주의를 택하고 있어서 미국 땅에서 태어난 아이는 미국 시민권자가 되기 때문이죠. 출산을 위해 미국까지 갈 정도면 중국에서도 이미 상당한 부와 지위를 가졌을 텐데, 굳이 미국행을 선택하는 이유는 무엇일까요? 자식이 미국 시민으로서 더 나은 환경에서 자라길 원해서일 겁니다. 19세기 후반 가난한 중국인들이 아메리칸드림을 좇아 미국행을 선택했다면, 이제는 부자들이 새로운 아메리칸드림을 좇아 미국행을 선택한다고도 볼 수 있겠군요.

이는 우리나라도 마찬가지입니다. 옛날에는 먹고살기가 어려워서 돈을 벌기 위해 미국으로 이민을 갔지만, 지금은 '미국 이민'이라는 말보다 '미국 조기 유학'이라든지 '미국 영어 연수' 혹은 '미국 원정 출산'이라는 단어가 더 자주 들립니다. 아메리칸드림은 여전히 우리에게 환상적인 대안을 보여 주는가 봅니다. 그런데 그 환상 뒤편에 어리는 우리의 현실이 쓸쓸한 이유는 뭘까요?

Q&A

● 연방 의회의 하원은 상원보다 지위가 낮나요?

　　미국은 의회가 상원과 하원으로 나뉘어 있어 양원제라고 합니다. 미합중국이 탄생하면서 의회를 어떻게 꾸릴 것인지를 둘러싸고 격렬한 논쟁이 있었죠. 큰 주는 인구에 비례해 더 많은 의원을 보내길 원했고, 작은 주는 주마다 공평하게 같은 수의 의원을 보내길 원했던 겁니다. 결국 타협으로 의회를 나눠서 상원은 인구수와 관계없이 주마다 2명씩 뽑고, 하원은 인구에 비례해 의원을 선출하기로 했습니다.

　　상원은 임기가 6년으로 하원 임기인 2년에 비해 길며, 의석의 3분의 1을 2년마다 교체합니다. 그래서 총선 때 하원은 변동이 심할 수 있지만, 상원은 크게 변화가 없죠. 상원은 주로 국제 관계, 외교, 국방과 관련된 업무를 맡고, 하원은 세금과 경제 등 국민의 민생과 관련된 업무를 담당합니다. 임기가 긴 상원 의원이 더 거시적 시각에서 미국의 위상을 살피고, 하원 의원은 각 주를 대표해 현실적인 문제에 빠르게 대응하도록 한 거지요. 위상을 논하자면, 아무래도 6년 임기인 상원의 위상이 높을 수밖에 없습니다. 공식 명칭도 상원은 '미합중국 상원 의원 아무개'라고 하지만, 하원은 '미합중국 어느 주를 대표하는 하원 의원 아무개'라고 하죠.

- 미국 젊은이들은 정치에 얼마나 관심이 있나요?

미국 젊은이들은 정치에 매우 무관심한 편입니다. 미국은 1972년 부터 선거권을 만 18세로 낮췄지만, 청년층의 투표율은 굉장히 저조합니다. 2012년 대통령 선거에서 18~29세 투표율은 19%에 불과했습니다.

이렇게 투표율이 낮은 까닭에는 여러 가지 있겠지만, 가장 중요한 이유는 민주당과 공화당 중에서 누가 뽑히든 미국의 정치가 크게 달라지지 않을 거라는 냉소주의 때문이죠. 양당 체제가 굳건한 미국이지만, 투표소에 가는 젊은이들의 성향은 조금 다릅니다. 새로운 바람을 일으키는 제3당 후보에 투표하는 비율이 다른 연령층보다 높지요.

우리나라도 청년층의 정치 무관심이 깊기 때문에 각 정당은 비록 시늉일지언정 '청춘 콘서트'라거나 '대학생과의 만남' 등 젊은이를 공략하는 선거 운동을 펼치곤 합니다. 하지만 미국에서는 이런 노력도 거의 찾아보기 어렵습니다. 정치권에서는 청년층에 다가서지 않고, 청년층은 투표를 통해 자기 의사를 나타내지 않는 악순환이 계속되는 거죠. 선거 시기만 되면 청년층의 투표율이 결과에 중대한 영향을 끼칠 거라는 예측이 반복되지만, 막상 뚜껑을 열어 보면 청년층의 투표율은 기대 이하이니 안타까운 일입니다.

● 미국의 복지 제도가 궁금합니다.

　복지 제도를 따지면 미국은 선진국 가운데 최하위권에 속합니다. 특히 북유럽, 서유럽 국가와 비교하면 형편없을 정도죠. 의료 보험만 봐도 그렇습니다. 미국에선 단순한 감기로 병원에 가도 천문학적인 치료비를 내야 한다는 말을 들어 본 적이 있을 거예요. 미국은 우리나라 같은 국민 의료 보험이 없고, 사보험에만 의존하기 때문이죠. 그마저도 보험료가 너무 비싸 국민의 30%만이 가입해 왔습니다. 미국은 왜 이처럼 수동적이며 보수적인 복지 제도를 고수할까요? 개인의 복지는 우선 개인이 책임지고, 국가는 보조적 역할만 담당해야 한다는 생각이 강하기 때문입니다.

　공화당과 민주당의 뜨거운 논쟁거리 중 하나가 복지 문제인데 공화당이 미국의 보수적인 시각을 대표한다면, 민주당은 이제 정부가 적극적으로 복지 정책을 펴야 한다고 주장하죠. 이런 상황에서 2010년 오바마 대통령이 추진한 의료 보험 개혁 법안, 이른바 '오바마 케어'가 통과됐습니다. 하지만 이 또한 공적 보험을 마련한 게 아니라 사보험의 보험료를 낮춰 국민이 의무적으로 가입하게끔 하는 방향입니다.

　그렇다고 미국이 복지와 관련된 모든 부분에서 문제가 있는 것은 아닙니다. 예컨대 초·중·고 공립학교의 학비는 무료이며 형편이 어려운 학생들은 무료 급식 혜택을 받습니다. 의료 복지에서는 뒤떨어지지만, 교육 분야에서만큼은 미국도 큰 힘을 기울이고 있죠.

- CIA와 FBI는 어떻게 다른가요?

중앙 정보국, 즉 CIA ^{Central Intelligence Agency} 는 대통령 직속의 국가 정보기관입니다. 미국 연방 수사국 FBI ^{Federal Bureau of Investigation} 는 연방법 위반 행위를 수사하는 곳이고요. 쉽게 생각하면 CIA는 미국의 안보를 위협하는 해외 스파이 조직을 찾는 일을 담당하는 정보기관이고, FBI는 마피아와 같은 범죄 조직의 소탕을 담당하는 수사기관이죠. 예컨대 현재 미국에서 촉각을 세우고 있는 '테러와의 전쟁'을 살펴보면, 국제 테러리스트를 감시하고 정보를 수집하는 곳은 CIA고, 국내에서 테러와 연관될 가능성이 높은 사람을 감시하거나 수사하는 곳은 FBI입니다.

FBI는 연방 법에 따르는 경찰 조직입니다. 그런데 미국은 연방 경찰뿐 아니라 주 경찰도 있고, 대도시에선 경찰국을 아예 따로 두기도 합니다. 영화나 드라마에 자주 등장하는 뉴욕 경찰국 ^{NYPD} 이나 LA 경찰국 ^{LAPD} 은 규모가 어마어마하죠. 지방 행정 구역인 카운티에는 셰리프 ^{sheriff} 라는 보안관이 있습니다. 서부나 남부에서는 주 경찰보다 셰리프의 힘이 더 클 정도로 그 세력이 막강하고 처리하는 일도 많습니다.

그렇다면 우리가 익히 들어 온 CSI나 SWAT은 무엇일까요? 이는 맡은 업무에 따라 구분 지은 명칭으로 CSI는 과학 수사를 담당하는 경찰을 말합니다. SWAT은 총기 등 장비로 무장하고 임무를 수행하는 특수 경찰이고요.

개인주의와

*04 »

자본주의의

앙상블

개인주의

처음 만난 자리에서 나이를 묻지 않는다

"미국 사람들은 개인주의적이야!" 누구나 한두 번 쯤 들어 보았을 말입니다. 미국인에 대한 이런 평가는 오해에 불과할까요, 아니면 사실에 가까울까요?

미국인이 개인주의적이라는 말은 대체로 사실입니다. 미국 사람들도 이 점을 스스로 인정하고요. 그런데 미국인들은 개인주의를 부끄럽게 여기지 않고 오히려 자랑스럽게 생각합니다. 우리 입장에서는 언뜻 이해가 되지 않죠? 미국인의 사고와 문화의 바탕을 이루는 개인주의가 과연 무엇인지 차근차근 알아보도록 합시다.

개인주의와 이기주의는
같은 말?

개인주의를 영어로 'individualism'이라고 합니다. 그런데 한국에서는 이를 '이기주의'와 혼동하는 경우가 많습니다. 용어에 대한 이해가 명확하지 않기 때문이지요. 특히 어떤 사람을 두고 개인주의적이라고 말할 때는 대개 부정적인 뉘앙스가 많이 깔립니다. 남을 배려하지 않는 이기적인 사람을 가리키는 거예요.

그러나 개인주의에 대한 이런 인식은 오해가 덧입혀진 것입니다. 이 개념에서 '개인'은 단순히 이웃이나 친구와 사적으로 관계하는 사람만 지칭하는 게 아니라 국가나 집단과의 관계 속에 놓인 존재를 일컫거든요. 중세 봉건 시대에는 교회와 영주의 절대적인 세력에 눌려 개인이라는 개념조차 희박했습니다. 하지만 근대로 들어서면서 개인의 존재가 부상하게 됩니다. 국가나 종교 집단보다 개인의 존엄과 권리가 우선시되었고 개인주의는 자유와 민주주의를 위한 필수 가치로 여겨졌지요. 즉 개인주의는 새로운 시대, 새로운 가치관을 대변하는 개념이었습니다.

미국은 중세 봉건 시대를 겪지 않았고 군주, 귀족, 성직자와 같이 특권을 물려받은 세습 계층이 없었기에 개인주의가 더욱 발전할 수 있었습니다. 게다가 세계 최초로 삼권 분립에 근거한 민주주의 체제를 시작했으니 미국인들은 개인주의라는 가치관과 문화에 대해 무한한 자부심을 품게 되었지요.

"결혼은 언제?"
물으면 실례

　　　　　개개인의 생활 방식을 보면 미국인들은 확실히 개인주의적입니다. 그들은 기본적으로 다른 사람의 일에 간섭하기를 좋아하지 않고, 스스로도 간섭받는 것을 무척 꺼립니다.

　일상생활에서 몇 가지 예를 들어 보죠. 우리는 길에서 아는 사람을 만나면 "어디 가?"라고 잘 물어봅니다. 때로는 이러한 질문이 인사말처럼 쓰이기도 하죠. 그러나 미국인들은 이렇게 묻지 않습니다. 어디에 가는 것은 개인의 일이지 다른 사람이 참견할 게 아니라는 얘기입니다. 또 미국인들은 타인에게 어느 대학 혹은 어느 직장에 다니는지, 결혼은 언제 할 것인지, 자식은 언제 낳을 것인지 등 사생활에 관련된 질문을 쉽게 던지지 않습니다. 특히 처음 만난 자리에서 이런 질문을 하면 무례하다고 생각하죠. 초면인 사람에게 대뜸 나이부터 묻는 것도 실례랍니다. 이런 문제는 개인의 프라이버시와 연관되어 있기 때문입니다.

　그런데 요즘은 우리나라도 이런 질문을 잘 하지 않는 추세라고 하죠. 서로 사생활을 존중하는 문화가 강화된 까닭도 있지만, 그와는 좀 다른 차원의 이유도 있습니다. 대학 입시의 어려움, 대학의 서열화, 실업률 증가 등 삶이 팍팍해지면서 개인 정보를 무심

개인의 자유로운 선택과 사생활을 존중하는 개인주의는 미국 문화의 바탕을 이룬다.

코 물었다가 상대방의 자존심을 건드릴 수도 있다고 생각하는 것이죠. 그러나 반대로 좋은 성적, 이름난 대학이나 직장, 행복한 결혼에 관해서는 어떤 식으로든 남 앞에서 드러내려 합니다. 자신이나 가족의 자랑이자 자존심으로 생각하면서요. 하지만 미국인은 나쁜 상황이든 좋은 상황이든 프라이버시는 어디까지나 프라이버시로 남겨 둡니다.

개인주의적인 삶의 방식을 드러내는 극단적인 예를 더 살펴볼까요? 미국에서 성인이 된 자녀들은 대체로 부모와 독립해 따로 삽니다. 간혹 같이 살기도 하지만, 이때는 자녀가 부모에게 '하숙비'를 내는 경우가 허다합니다. 아무리 부모 자식 사이라 해도 각자 독립적인 개인으로 살아간다고 생각하기 때문이지요. 부모가 재혼한 경우 서로를 부르는 호칭도 흥미롭습니다. 새아버지나 새어머니를 아버지 혹은 어머니로 부르지 않고 그냥 이름으로 부르거든요. 부모가 다른 사람에게 자녀를 소개할 때는 '내 딸' '내 아들' 하지 않고 '내 의붓딸'stepdaughter '내 의붓아들'stepson 이라고 말합니다. 자녀 입장에서 부모를 소개할 때도 '새어머니'stepmother '새아버지'stepfather 라 하고요. 그렇게까지 꼭 집어 밝힐 필요가 있을까 하는 생각이 들지만, 이것이 미국인들의 사고방식입니다. 즉 부모의 재혼을 두 사람의 문제로 생각하지 자식 등 다른 가족 구성원까지 구속하는 상황으로 받아들이지 않는 거지요. 결혼 문제로 큰 갈등이 벌어지는 일도 거의 없습니다. 가령 하버드대학을 졸업한 백인 아들이 대학 문턱도 밟지 않고 인종마저 다른 여성을 데려와 결혼하겠다고 해도 대부분의 부모는 예비 신부를 포옹하면서 축하한다고 말할 것입니다. 미국 부모라고 해서 이런 상황이 무조건 반갑고 기쁘기만 하겠어요? 그러나 기본적으로 자식의 선택을 존중하는 것이지요.

집단의 이익을 위해 개인을 희생하지 않는다

미국의 이런 개인주의적 삶의 형태가 가족주의와 집단주의 성향이 강한 우리에겐 자칫 타인에 대한 무관심과 매정

함으로 비칠지 모르겠습니다. 그러나 개인주의는 미국 민주주의와 자본주의의 가장 중요한 토대이며, 미국인의 삶과 문화에 막대한 영향을 끼치는 핵심적인 가치관입니다. 미국인들은 집단을 위해 개인을 희생하거나 개인주의적 가치관을 후퇴시키지 않습니다.

이것을 잘 보여 주는 예가 총기 소유 문제입니다. 총기 사고와 조직 폭력배 문제를 해결하기 위해 개인의 총기 소유를 법으로 금지해야 한다는 주장이 끊임없이 제기되어 왔습니다. 하지만 아직까지 총기 소지 금지는 법제화되지 않았고, 앞으로도 그럴 가능성이 적어 보입니다. 미국인들 대다수가 개인의 안전은 우선 개인이 책임져야 한다고 생각하기 때문이죠. 인디언이나 무법자, 외부의 적으로부터 자신과 가족의 안전을 지키기 위해 총이 필수적이었던 서부 개척 시대의 전통이 여전히 남아 있는 것입니다.

그렇다고 해서 개인주의가 공동체의 중요성을 깡그리 무시한다고 생각하면 곤란합니다. 미국은 그 어느 나라보다도 기부 문화가 활성화되어 있습니다. 미국의 개인주의를 대표하는 철강왕 카네기도 미국 사회 곳곳에 기부의 흔적을 남겼지요. 그는 "부자로 죽는 것이 가장 창피한 일이다."라고 말했습니다. 죽기 전에 자신의 재산을 사회에 환원해야 한다는 뜻입니다. 미국인들은 보통 자식에게 재산을 물려주기보다 사회에 기부하는 것을 명예롭게 생각합니다.

● 무기 소유의 권리는 미국의 헌법 수정 조항 제2조에서 보장된다. 그 내용은 '자유로운 각 주의 안보를 위해서는 잘 규율된 민병대가 필요하므로, 무기를 보유하고 휴대하는 인민의 권리는 침해될 수 없다.'라는 것이다.

한 가지 예를 더 들어 보죠. 미국에 있는 상당수의 한인 교회는 미국 교회를 빌려서 예배를 봅니다. 그런데 가만 들여다보면 예배당을 빌려주는 미국 교회의 교인 수가 한인 교인 수보다 더 적을 때도 있습니다. 그렇다면 그 미국 교회는 어떻게 예배당을 세우고 교회를 운영해 온 걸까요? 아마 어느 교인이 전 재산을 교회에 기부했을 겁니다. 교회 복도에는 기부자의 사진이 걸려 있죠. 미국에는 이런 교회가 무척 많습니다. 교회뿐 아니라 학교도 기부한 사람의 이름을 따서 건물명을 짓는 경우가 많고요. 공동체 전통이 강한 우리나라에는 기부 문화가 쉽게 정착하지 못했는데, 개인주의 전통이 강한 미국에서 활발하다니 아이러니하지요.

스포츠와 미국 문화

운동을 잘하는 사람이 인기가 많다

만약 외계인이 미국 땅에 내려와 미국인들의 생활을 지켜본다면 좀처럼 이해가 가지 않을 것이 하나 있습니다. 바로 스포츠에 대한 열정이죠. 남녀노소를 가리지 않고 운동장이나 공원에 나가 치고 던지고 뛰면서 법석을 피우니 그 모습을 보고 신기하게 여길 것입니다. 어디 그뿐인가요? 미국인들은 집 안에서도 TV 앞에 모여 스포츠 경기를 시청하며 환호성을 지르고 탄식을 내뱉지요. 이처럼 미국은 스포츠의 왕국이라 해도 과언이 아닙니다.

스포츠 왕국이니만큼 운동을 잘하는 사람은 단연 인기가 높습니다. 미국은 비교적 짧은 역사 때문인지 학문이나 문화 영역에서 이렇다 할 영웅이 많지 않습니다. 그런데 스포츠 영웅들은 즐비하며 지금도 계속 만들어지고 있죠. 전설의 홈런 왕 베이브 루스, '나비처럼 날아서 벌처럼 쏘는' 복싱의 전설 무하마드 알리, 농구 황제 마이클 조던 등 미국인들은 스포츠 영웅에 열광합니다.

학교에서도 스포츠를 잘하는 사람이 가장 인기가 많습니다. 미국의 중·고등학생들에게 학교에서 누가 제일 공부를 잘하느냐고 물으면 머리를 긁적이며 쉽게 대답을 하지 못할 뿐더러 왜 그런 걸 궁금해하는지 의아하게 생각할 겁니다. 하지만 누가 가장 인기가 좋은지를 물으면 쉽게 답이 나옵니다. 우리가 미식축구라고 부르는 풋볼팀 주장이거나 농구팀 주장일 가능성이 크거든요. 미국 학생들의 최대 관심사는 수학 경시 대회가 아니라 주말에 있을 학교 대항 농구 경기나 풋볼 경기입니다.

대학의 스포츠 문화도 마찬가지입니다. 심지어 대학 스포츠는 지역 사회 전체의 큰 관심거리죠. 예를 하나 들어 볼까요? 중서부 지역의 라이벌 대학인 미시간대학과 오하이오 주립대학 간의 풋볼 경기가 다가오면, 경기가 예정된 대학 캠퍼스가 며칠 전부

고교 아이스하키 경기 모습. 미국 학교에는 다양한 체육 활동이 활성화되어 있다.

터 북적입니다. 이곳이 학교인지 캠핑장인지 구별이 가지 않을 정도로 캠핑차로 북적거리죠. 대학 졸업생이나 그 지역 출신 사람들이 전국 각지에서 자기 팀을 응원하러 몰려들기 때문이에요. 굳이 캠핑까지 하는 것은 인근 호텔에 방을 잡기가 어려워서이기도 하지만, 여럿이 함께 바비큐 파티를 하면서 모교와 고향에 대해 이런저런 얘기를 나누려는 목적도 있습니다. 들뜬 분위기 속에서 다가오는 빅게임을 기다리는 것입니다.

이처럼 미국에서 스포츠는 공동체 의식을 높이는 중요한 역할을 합니다. 이런 현상이 미국에서만 나타나는 것은 아니지만, 개인주의 정서가 강한 미국 사회에서 스포츠는 사람들을 함께 어울리게 만드는 순기능을 발휘하면서 사회와 문화 전반에 큰 영향을 끼칩니다.

모두를 TV 앞에 앉히는 슈퍼볼 열기

여러 스포츠 중에서도 미국에서 가장 인기가 많은 이른바 빅 포Big 4 종목은 풋볼, 야구, 농구, 아이스하키입니다. 미국 프로 농구NBA와 겨울철 대표 스포츠인 아이스하키NHL는 1월에 시작합니다. 그다음 봄이 오면 미국의 국가 스포츠라 할 수 있으며 시즌을 제일 길게 치르는 프로 야구MLB가 개막하고, 가을이면 가장 미국적인 스포츠인 풋볼NFL이 시작합니다. 이 네 종목은 시즌 일정이 서로 크게 겹치지 않아 1년 내내 스포츠 축제가 열린다 해도 과언이 아닙니다.

아이스하키는 계절을 타지만, 계절에 구애받지 않는 나머지 세 스포츠는 일상 속에 자연스럽게 스며들어 있습니다. 미국을 여행하다 보면 집 안마당에 농구대를 달아 놓고 어른 아이 할 것 없이 농구공을 튀기고 링 안에 던지는 모습을 쉽게 볼 수 있습니다. 공원에서는 풋볼 공을 주고받거나 야구 글러브와 배트를 들고 있는 모습도 자주 만날 수 있죠. 미국인들은 선호도를 가리기 어려울 정도로 이 세 종목에 열광합니다.

특히 풋볼 열기는 대단합니다. 우정을 돈독히 하고 가족 관계를 끈끈하게 하는 스포츠의 순기능을 가장 잘 드러내는 행사가 슈퍼볼Super Bowl이죠. 매년 1월 말에서 2월 초가 되면 미국은 온통 슈퍼볼 열기에 휩싸입니다. 그해 프로 풋볼 리그의 챔피언을 가리는 슈퍼볼은 미국에서 가장 큰 스포츠 이벤트입니다. 슈퍼볼은 모든 사람이 즐길 수 있도록 일요일에 열리는데, 그날을 '슈퍼볼 선데이'라고 합니다. 슈퍼볼 선데이에 미국인들은 가족이나 친구들끼리 함께 모여 TV 중계방송을 보며 흥겨운 시간을 가집니다. 슈퍼볼 중계방송은 미국 인구의 3분의 1이 넘는 1억 명 이상이 시청하며 미국에서 가장 높은 시청률을 기록하죠. 추수 감사절 다음으로 음식 소비량이 많은 날이기도 하고요. 이러한 뜨거운 관심 때문에 중계방송을 주관하는 중계권료며 TV 광고의 광고료는 천문학적 액수입니다.

세계 대부분의 나라에서 가장 인기가 높은 스포츠는 축구soccer인데, 왜 미국인은 자기들만의 스포츠인 풋볼에 열광하는 걸까요? 정확히 알 수는 없지만, 가장 설득력 있는 설명은 풋볼이 미국인의 개척 정신과 진취성을 상징적으로 드러내기 때문이라는 겁니다. 풋볼은 '땅따먹기'와 비슷한 스포츠입니다. 축구는 골대에 공을 넣어야 점수를 얻지만, 풋볼은 골대 앞 터치다운 존에 공을 안고 들어가면 일단 점수를 얻습니다. 온갖 전략을 동원해 10야드®를 전진해 공격권을 쥐고 있다가 마지막에 터치다운

● 미국은 미터법과는 다른, 독자적인 미국 단위계를 사용한다. 길이를 표현하는 단위로는 인치, 피트, 야드, 마일 등이 있으며 미국 단위계 기준으로 10야드는 0.9144미터에 해당한다.

을 하는 경기 방식이 서부 개척 시대에 대한 미국인의 향수와 자부심을 드높이나 봅니다.

미국의 국가 스포츠
야구

야구는 미국의 국가 스포츠라 할 수 있으며 풋볼처럼 미국적인 스포츠입니다. 미국에서 만들어졌고, 매우 많은 사람들이 즐기기 때문이죠. 식민지 시대에 영국인들에 의해 보급된 크리켓이 19세기 중엽에 미국에서 변형되어 지금의 야구가 되었습니다. 야구는 풋볼과 달리 전 세계적으로 인기가 높은 스포츠이며, 우리나라도 예외는 아니죠. 스포츠 분야에 있어서만큼은 미국 최고의 수출품이라 해도 무방합니다.

야구가 미국 사회에서 차지하는 위치와 영향력은 한마디로 설명하지 못할 정도로 막대합니다. 슈퍼볼은 단판 승부로 그해 최종 챔피언을 가리지만, 야구의 월드 시리즈는 7전 다승제입니다. 1등을 가리기 위해 최대 7차례나 경기를 여는 장기 스포츠 제전이지요.

더욱이 야구는 지역성과 향토애를 가장 많이 드러내는 종목입니다. 미국의 큰 도시들마다 프로 야구팀이 있으며 뉴욕, 시카고, 로스앤젤레스와 같은 대형 도시는 야구팀이 두 팀이나 되죠. 대도시에 몰려든 이민자들, 산업화와 함께 농촌을 떠나 온 이주자

보스턴 레드삭스의 홈구장인 펜웨이 파크의 모습. 관중이 빼곡하게 자리를 채우고 있다.

들은 그 도시를 대표하는 야구팀을 통해 서로 교류하며 외로움을 달래고, 새로운 고향인 도시에 정을 붙여 갔습니다. 그만큼 지역민과 야구팀 간의 정서적 관계는 각별합니다. 오늘날에도 미국인들은 어린 시절부터 야구 경기를 응원하며 성장하기에 이후 어디가서 살든지 고향 팀에 대한 애정이 남다르죠.

야구에 대한 관심은 매해 정식 시즌이 열리기 전부터도 뜨겁습니다. 늦겨울 혹은 초봄이면 구단마다 스프링 캠프라 해서 곧 열릴 시즌에 대비하는 훈련을 합니다. 훈련지는 주로 애리조나 주 같은 남쪽의 따뜻한 지역이죠. 그런데 그 훈련장에는 선수들만이 아니라 관중들도 제법 있습니다. 인근 주민들이 구경을 오기도 하지만, 아예 휴가를 내고 전국 각지에서 모여든 열성 팬들도 상당수입니다. 또한 각 팀은 자체 TV 채널을 가지고 있어 중계방송을 통해 팬들에게 훈련의 이모저모를 전합니다. 산속이나 외딴 곳에 자리한 집을 보면 접시 모양의 커다란 TV 수신기를 볼 수 있는데, 그런 기기를 단 이유는 다른 방송에 비해 전파 출력이 약한 고향 야구팀 채널을 보기 위해서이기도 하죠.

한편 미국의 야구장에는 파크park나 필드field라는 명칭이 붙는 경우가 많습니다. 바쁜 일상에서 벗어나 공원이나 고향의 푸른 들판을 생각하며 가족, 친지, 친구들과 함께 야구를 보는 것은 미국인의 가장 큰 여가 생활이라고 할 수 있습니다.

할리우드의 열기

유행을 선도하는 미국의 대중문화

'할리우드 액션'이라는 용어를 들어 보셨지요? 축구에서 상대 팀 선수에게 파울을 당한 것처럼 심판을 속여 프리킥이나 페널티킥을 얻는 것을 가리키는 용어이지요. 다른 스포츠에서도 종종 이 말이 쓰이는데 대표적으로 2002년 솔트레이크 동계 올림픽의 기억이 떠오릅니다. 쇼트트랙 경기에서 미국의 안톤 오노 선수가 마치 우리나라 김동성 선수에게 방해받은 것처럼 할리우드 액션을 취해 금메달을 차지한 에피소드이죠. 사실 할리우드 액션은 영어권 나라에서 쓰이지 않는 '콩글리시'로 원래는 '시뮬레이티드 파울'simulated foul이라고 합니다. 아마도 할리우드 영화배

우처럼 연기를 한다는 뜻에서 이런 말이 쓰이게 되었을 겁니다.

영화 산업의 메카
할리우드

　　　　　할리우드^{Hollywood}는 로스앤젤레스 중심가의 북서쪽
에 위치한 조그마한 마을입니다. 20세기 초에는 인구 500명의
작은 농촌 마을에 불과했는데, 동부의 뉴욕과 뉴저지 일대에 있
던 영화 산업이 이곳으로 옮겨 오면서 순식간에 미국 영화 산업
의 메카가 되었습니다. 수많은 영화가 할리우드에서 제작되고,
전 세계 220여 개국에서 시청하는 영화계 최대의 시상식인 아카
데미 시상식도 여기서 열립니다. 유명 배우들의 이름이나 손도장
과 발도장이 찍혀 있는 '스타의 거리'^{Walk of Fame}를 보려고 세계 곳
곳에서 관광객이 몰려들기도 하고요. 근처 베벌리힐스라는 동네
는 유명 연예인들이 많이 살고 있어서 관광객의 발길을 유혹하
지요.

　할리우드는 가히 미국 문화의 상징이라고 할 수 있습니다. 단
순한 지명을 넘어서 텔레비전과 영화를 중심으로 한 미국 문화의
상징적 용어가 되었죠. 미국을 찾는 외국인에게 할리우드를 좋아
하느냐고 물었을 때 그렇다고 하면, 아마도 그 사람은 영화를 비
롯한 미국 문화에 우호적일 가능성이 높습니다. 반대로 좋아하지
않는다고 하면 부정적인 시각을 가졌을 가능성이 높고요. 그만큼

할리우드는 미국 문화를 대변하는 상징과 같습니다.

하지만 할리우드 영화에서 보여 주는 것이 곧 미국인의 가치관이라고 쉽게 단정 짓기는 어렵습니다. 「미션 임파서블」이나 「어벤져스」 등의 영웅 스토리가 대체로 미국적 가치관에 부합하기는 하지만, 정의 추구는 전 인류가 공유하는 가치관이기도 합니다. 세계인들이 할리우드 영화에 열광하는 이유는 영화를 통해 미국적 가치를 엿볼 수 있어서라기보다 영화에서 드러나는 전 인류적 가치관에 공감하기 때문일 겁니다.

한류의 미래를
점친다면?

한편 모든 산업이 그러하듯이 영화 산업도 근본적으로는 영리를 추구합니다. 영화 제작자들은 좋은 영화를 만드는 것보다 흥행에 성공하는 영화를 만들려고 안달입니다. 최근 할리우드 영화에 중국이나 일본, 그리고 한국 배우가 등장해도 낯설지 않은 것은 그만큼 아시아의 영화 소비 시장이 급성장했기 때문입니다. 할리우드 유명 배우들이 영화 개봉 시기에 맞춰 우리나라를 찾는 경우가 잦아지는 것도 한국 소비 시장을 무시할 수 없기 때문이겠지요.

이처럼 할리우드는 미국 시장을 넘어 글로벌 시대, 글로벌 영화 산업의 아이콘이 되었고, 그만큼 할리우드 영화를 보는 우리

할리우드 지역의 랜드마크인 할리우드힐스의 표지판.

의 자세와 관점 또한 중요해졌습니다. 할리우드 영화에 과도하게 매료되거나 무조건 적대적인 관점을 가지기 이전에 영화 산업 안에서 동시대 힘의 논리가 어떻게 작동하는지 살펴보는 것도 좋겠죠. 예컨대 냉전 시기에 반공주의를 표방하며 중국인이나 러시아인 악당을 등장시키는 영화가 많았던 것이나 최근 북한 악당들이 자주 나오는 까닭을 생각해 볼 수 있을 겁니다. 요즘에는 이슬람 국가들을 적대시하는 반테러 영화도 많이 제작되고 있습니다. 사실 할리우드를 대표하는 MGM, 20세기 폭스, 워너 브라더스, 컬럼비아, 파라마운트 등의 영화 제작사는 모두 유대인이 창립한 회사이니, 이런 영화가 많은 까닭을 짐작해 볼 수 있죠. 언젠가 우리나라 영화 제작사나 기업의 투자로 만들어진 할리우드 영화가 세계인에게 큰 인상을 줄 날도 올 겁니다. 그때는 한국판 「쉰들러 리스트」* 같은 영화가 나와서 2차 대전 당시 일본군 '위안부' 문제 등을 전 세계에 알릴지도 모르겠군요.

우리는 할리우드를 통해 우리 문화를 견줘 볼 수도 있어야 합니다. 이제 '한류'는 세계 곳곳에서 막강한 힘을 발휘하고 있습니다. 한류가 그저 유명 연예인들을 통해 한국을 알리는 것이나 한국 예능의 힘을 과시하는 수준에 머무르면 곤란합니다. 할리우드가 자유와 정의 같은 가치를 표방하고 미국의 문화를 대변하면서 그것을 전 세계적 맥으로 생동하게 했듯이, 글로벌 시대에 글로벌 가치에 걸맞은 우리의 가치와 문화가 무엇인지 끊임없는 고민이 필요합니다.

유행을 선도하는 채널
MTV

MTV는 미국 젊은이들이 가장 좋아하는 TV 채널입니다. MTV는 1981년, VJ가 등장해 뮤직비디오를 소개하는 음악 전문 채널로 개국하여 젊은이들에게 폭발적인 인기를 얻었습니다. 이전 세대들이 즐겼던 라디오 음악 방송이 화려한 영상 방송으로 대체되었으니 얼마나 인기가 높았겠어요. 오늘날에도 뮤직비디오, 가수의 인터뷰, 스타의 일상생활 이모저모를 엿보는 방송 등을 내보내면서 음악 채널의 강자 자리를 굳건히 하고 있

● 1993년 개봉한 스티븐 스필버그 감독, 리엄 니슨 주연의 영화. 2차 대전 때 독일군이 점령한 폴란드의 한 마을에서 주인공 쉰들러가 강제 수용소에 갇힌 유대인들을 구해 내는 내용이다. 수용소 안의 처참한 삶을 생생히 묘사했다.

지요. 매년 8월 말이나 9월 중순에 열리는 MTV 비디오 음악 시상식VMA은 '젊은이들의 슈퍼볼'이라고 불릴 정도로 어마어마한 시청률을 자랑합니다. 시상식 다음 날이면 젊은이들은 온통 전날 있었던 시상식 얘기로 꽃을 피웁니다. 최근에는 일종의 청춘 드라마인 MTV 드라마까지 만들어져서 청소년들에게 특히 폭발적인 인기를 얻고 있습니다.

MTV는 미국 청년층의 대중문화를 선도한다고 할 수 있습니다. 높은 인기만큼 젊은이들의 생각, 사상, 패션 등에 지대한 영향을 미치거든요. 젊은이들은 자신이 좋아하는 스타의 의상이나 신발, 헤어스타일 등을 따라 하려고 할 뿐 아니라 그들이 말하는 방법이나 관심사, 사고방식 등을 그대로 수용해서 자기의 일상에서 재현하려고 하죠.

한편 MTV는 미국 청년층이 정치, 사회, 환경 등의 문제에 관심을 갖게 하는 데에도 큰 역할을 합니다. 예를 들어 1983년 MTV는 인종 차별주의자들의 거센 반발에도 불구하고 마이클 잭슨의 「빌리 진」 뮤직비디오를 방송했습니다. 사실 MTV는 개국 직후 흑인 가수의 출연을 거의 불허해 왔는데, 이미 하늘 높이 치솟고 있던 잭슨의 인기 앞에서는 문을 열 수밖에 없었던 겁니다. MTV의 뮤직비디오 방영은 마이클 잭슨이라는 거대한 흑인 록 스타의 성장에 더욱 힘을 실어 주었을 뿐 아니라 음악계에서 인종의 벽을 허무는 시초가 되었죠. 최근에도 정규 음악 프로그

1984년 백악관에 초청된 마이클 잭슨의 모습. 잭슨을 기준으로 오른쪽은 로널드 레이건 대통령, 왼쪽은 낸시 레이건 영부인이다.

램 외에 다양한 프로그램을 개발해 선거 때에는 젊은이들이 적극적으로 투표에 참여하도록 독려하기도 하고, 인종 차별이나 기타 사회적 약자에 대한 차별에 경각심을 불러일으키기도 하죠.

　이제 MTV는 미국뿐 아니라 세계의 대중문화를 선도하는 매체로 자리 잡았습니다. 유럽과 아시아 등 세계 곳곳에 지역 MTV

가 생겨서 젊은이들이 단순히 같은 음악을 즐기는 것을 넘어 차별, 환경, 정치, 성, 교육, 인권, 가난과 질병 등 다양한 이슈들을 공유하게 되었죠. MTV가 문화 세계화를 주도하는 가장 중요한 채널이 된 셈입니다.

이러한 MTV와 더불어 대중음악 하면 빼놓을 수 없는 게 미국의 빌보드 차트입니다. 『빌보드』는 1894년 미국에서 창간된 음악 잡지로 1950년대부터 순위 차트를 발표해 왔습니다. 대중성과 공신력이 높아 전 세계적으로 인정받고 있죠. 빌보드 차트 중에서도 가장 대표적인 게 '빌보드 핫 100'인데, 2009년에 한국 가수 최초로 원더걸스의 「Nobody」가 순위에 올랐고, 2012년에는 싸이의 「강남스타일」이 2위라는 높은 순위를 차지했습니다. 앞으로 한국 음악이 빌보드 차트에 더 많이 오르고 MTV에도 더 자주 방영되기를 기대해 볼 법하죠.

아메리칸 아이돌이 되는 법

10대 청소년에게 아이돌 스타가 없다는 것은 어린 아이에게 좋아하는 인형이나 장난감이 없다는 말과 같을지 모릅니다. 미국도 마찬가지입니다. 친구들을 만나면 자기가 좋아하는 아이돌 스타에 대한 얘기로 시간 가는 줄 모르죠. 우리나라의 오디션 프로그램 같은 TV 쇼의 원조는 사실 미국에서 시작되었습니다. 2002년 폭스 TV에서 처음으로 「아메리칸 아이돌」이라는 가수 오디션 프로그램을 내보내면서 한때 '아메리칸 아이돌' 열풍을 만들었죠. 2011년부터는 NBC에서도 이와 유사한 「더 보이스」라는 프로그램을 방영해 인기가 높습니다.

요즘 우리나라 어린이들의 희망 직업 1위가 연예인이라고 하는데, 대중문화의 유행을 선도하는 미국의 어린이, 청소년들은 어떨까요? 미국 청소년들도 우리나라 청소년들처럼 연예인에 대한 환상을 품고 있습니다. 하지만 엄밀히 말하면 연예인에 대한 환상과 연예인이 되려는 환상은 다른 얘기입니다. 미국 어린이들 사이에서는 여전히 소방관과 경찰관이 장래 희망 1~2위를 다투고 연예인은 10위권 안에 들지 못합니다. 그만큼 미국 사람들은 어린 시절부터 아이돌 가수나 배우가 되려는 희망이 높지 않다는 얘기죠. 우리나라의 예술 고등학교 같은 특성화 학교도 미국에서는 찾아보기 어렵습니다. 의외로 느껴지는 부분입니다.

그렇다면 미국에서 연예인이 되려면 어떻게 해야 할까요? 물론 뉴욕이나 LA 등지에는 연기 학원이나 연예 기획사가 있습니다만, 우리나라처럼 그렇게 성행하지는 않고 역할도 다릅니다. 연예인 지망생을 발굴해 오랜 기간 혹독한 훈련을 시켜 유명 연예인으로 '키우는' 것이 아니라, 어느 정도 재능과 열정이 있는 사람들에게 전문가들이 다양한 조언과 협력을 해 주는 것이지요. 보통 청소년들은 학교의 학예회나 교회 활동 등을 통해 자신의 재능을 발견하고, 뉴욕이나 LA 등 엔터테인먼트가 발달한 도시로 진출해 여러 방법으로 꿈을 이뤄 갑니다. 요즘에는 유튜브 같은 동영상 공유 사이트를 통해 자신의 재능을 널리 알리는 등 다양한 길이 있지요. 그러나 자신의 꿈과 소질을 살려 가수나 배우가 되려는 것과 맹목적으로 아이돌 스타를 꿈꾸는 것은 구분해야 할 겁니다. 연예계의 화려한 겉모습에만 도취되었다가는 자신의 진짜 길을 찾기까지 오래 헤맬 수도 있으니까요.

자동차
자동차를 빼놓고 미국 문화를 말하지 마라

미국인의 일상생활에서 가장 중요한 것, 미국 산업을 대표하는 동시에 미국 문화를 대표하는 것은 무엇일까요? 이 질문에 대한 답은 인구 대비 소유물을 따질 때 세계 어느 나라보다 미국에서 가장 비율이 높은 것이 무엇인가를 생각하면 됩니다.

개인주의를 대표하는 공간
자동차

바로 자동차입니다.● 미국인의 일상은 자동차를 떠나서 생각하기가 불가능할 정도이죠. 미국인들은 우리나라처럼

218

● 2010년 기준으로 미국은 인구 1.3명당 자동차 1대를 보유한다. 중국은 17.2명당 1대를 보유하는 것으로 나타나 격차가 큰 편이다.

대중교통을 이용하는 비율이 높지 않습니다. 대도시의 교통 체증을 해소하기 위해 정부는 대중교통 이용을 권장하고 자동차 통행료나 공공 주차비를 올리기도 하지만, 자가용으로 출퇴근하고 이동하는 비율을 효율적으로 줄이지 못하고 있습니다. 왜 그럴까요?

미국인에게 자동차는 단순한 이동 수단에 그치지 않고 자신의 개성과 자유를 드러내고 만끽하는 매우 중요한 도구이기 때문입니다. 미국인들은 출근길에 자동차 안에서 뉴스를 들으며 도넛을 먹고 커피를 마시거나 화장을 고치는 등 자신만의 시간을 가집니다. 이것을 누구도 간섭할 수 없는 개인의 권리이자 자유라고 여기지요. 자동차는 일상적인 공간 중 미국인의 개인주의를 가장 잘 드러내는 곳이라고 할 수 있습니다.

자동차의 대중화를
불러온 포드

19세기 후반 자동차가 발명되었을 때, 이 '말 없는 수레'는 부자들의 점유물이었습니다. 일반 시민들이 자동차를 소유하기란 어려운 일이었죠. 그러다 1908년 미시간 주 디트로이트의 한 공장에서 이른바 '모델 T'라는 자동차가 생산되자 일반인들도 자동차를 소유하기 시작했습니다. 대량 생산 라인이 구축됨에 따라 자동차 산업은 일약 미국을 대표하는 산업으로 떠오르게 되었습니다.

포드사의 초창기 자동차인 모델 T.

　이러한 자동차 혁명을 주도한 사람은 미국의 영웅이자 세계 자
동차 역사에서도 신화적인 인물로 기록되는 헨리 포드[Henry Ford] 입
니다. 포드는 움직이는 벨트 위에 조립할 자동차의 본체를 올려
놓았습니다. 노동자들은 자기 자리에서 부여된 임무를 수행했습
니다. 즉 벨트를 따라 자동차 본체가 도착하면 부품을 끼워 넣거
나 너트를 조이거나 하는 일을 했지요. 이런 분업을 통해 자동차
1대당 생산 시간을 단축시켰고, 생산 단가를 파격적으로 낮췄습
니다.[*] 그 전까지 자기 소유의 자동차를 꿈꿀 수 없었던 노동자들
은 이제 자동차 생산자일 뿐 아니라 소비자가 되었죠. 모델 T는

● 이러한 포드의 실험은 '포드주의'라고 불렸다. 노동자가 컨베이어 벨트 앞에
서 단순하고 일관된 작업을 반복하면 생산 시간이 단축되고 표준화된 물건을
생산할 수 있다. 그러나 이는 대량 생산에만 걸맞은 방식이며 노동자의 자유 공
간과 시간을 없애 노동 통제를 강화한다는 비판도 있다.

순식간에 디트로이트를 세계 자동차의 중심지로 만들었고, 포드의 인기도 엄청나게 높아졌습니다. 당시 어느 유명 대학의 설문 조사에서 가장 존경하는 사람으로 예수 그리스도와 소크라테스에 이어 포드의 이름이 나올 정도였다니, 그 인기를 실감할 수 있겠죠.

모델 T는 혁명이었습니다. 그때까지 미국인들은 평생토록 자신이 태어난 곳 주변을 벗어나기 힘들었습니다. 하지만 자동차가 대중화되자 사람들은 자기 차를 몰고 전국 방방곡곡을 누비게 되었죠. 고속 도로가 주와 주 사이를 연결하고 지방 도로가 각 지방을 연결하자 미국은 하나로 통합되기 시작했습니다. 뉴욕에 거주하는 사람들이 겨울에 따뜻한 플로리다에서 휴가를 보낼 수 있었고, 자동차 출퇴근이 가능해져 거주지가 도심에서 외곽으로 확장되자 근교가 발달하기 시작했으며, 곳곳에 대규모 쇼핑센터와 모텔, 주유소 등이 생겨났습니다. 1920년대부터는 자동차에서 내리지 않고 창문만 열어 물건을 살 수 있는 드라이브인drive-in 업소들이 우후죽순 생겨났습니다. 대부분은 레스토랑이었는데 미국의 대표적 패스트푸드점인 맥도날드도 이런 드라이브인 매장을 유지하고 있지요. 자동차는 미국인의 지리적인 개념을 변화시켰고, 일상생활에 혁명을 불러왔습니다. 미국의 역사를 정치적으로 양분하면 남북 전쟁이 기준점이지만, 만약 생활사로 구분한다면 자동차 이전과 이후로 나뉠 것입니다.

첫 키스는
자동차 안에서?

자동차가 대중적인 만큼 집집마다 차고도 필수입니다. 주말이 되면 이 차고 앞이 사람들로 북적이곤 하죠. '차고 세일'garage sale을 연 겁니다. 미국인들은 자기 집에서 쓰던 물건들, 예컨대 헌 옷, 골동품, 장난감, 연장, 책 등을 차고나 집 앞뜰에 내놓고 팔고는 합니다. 어떤 사람들은 주말만 되면 동네 신문을 통해 치고 세일을 확인한 뒤 마을 곳곳을 돌아다니며 '길거리 쇼핑'을 합니다. 운이 좋으면 남의 집의 쓸모없는 고물이 자신의 소중한 실용품이나 골동품이 될 수도 있으니까요.

미국인 개인의 생애 주기에도 자동차는 큰 영향을 미칩니다. 주마다 차이는 있지만, 미국은 보통 만 16세부터 운전면허를 딸 수 있습니다. 고등학교 시절 처음으로 운전면허를 따고 아버지나 어머니 차를 빌려 친구들을 태우고 드라이브하는 것은 보통 신나는 일이 아니죠. 더 낭만적이고 오래 추억될 일은 사귀는 사람이나 관심이 있는 상대와 자동차 안에서 첫 키스를 나누는 경험입니다. 미국인의 상당수가 첫 키스를 자동차 안에서 한다고 합니다. 그 후 성인이 되어서는 자동차가 개인의 능력과 취향을 대변합니다. 예컨대 멋진 스포츠카를 소유하는 것은 많은 이의 로망이죠. 직장에서 은퇴하고 난 노년의 로망은, 우리나라에 캠핑카로 알려진 RV^{Recreational Vehicle, 휴가용 자동차}를 장만해 전국을 떠돌며

미국의 차고 세일 모습.

여행하는 것입니다. 한편 장례 운구차로는 초호화 리무진이 쓰입니다. 누구나 자가용을 몰지만, 일생에 한 번이라도 리무진을 소유할 수 있는 사람은 거의 없습니다. 값비싼 운구차는 죽어서라도 리무진에 실려 마지막을 장식하고자 하는 바람 때문이겠죠.

미국 하면 개방적인 사회가 연상되는데, 이 또한 자동차와 밀접한 연관이 있습니다. 첫 키스 이야기도 나왔습니다만, 보통 어떤 사회가 개방적인지 아닌지를 구분하는 주요한 척도는 성sex 문화입니다. 미국의 성 문화에 혁명적인 변화가 불기 시작한 것도 모델 T를 비롯한 자동차의 보급과 관계가 깊죠.

그 이유는 여러분도 눈치챘을 것입니다. 자동차는 젊은 연인들

문화
생활

223

이 부모나 다른 사람들의 눈을 피해 사랑을 확인하기에 최적의 장소였거든요. 자동차 회사는 노골적으로 이를 활용해 자동차를 개발하고 광고했습니다. 예컨대 좌석을 뒤로 젖혀 누울 수 있게 만든 것이지요. 그래서 보수적인 사람들은 자동차가 미국을 '순수의 시대'에서 '타락의 시대'로 추락시켰다고 한탄하기도 했습니다.

자동차 문화의
어두운 이면

실제로 자동차는 미국 문화의 어두운 면과도 연결되어 있습니다. 예를 들어 모텔motel은 자동차moto 혹은 자동차 운전자motorist와 호텔hotel의 합성어로, 1920년대 자동차 여행자들을 겨냥해 도로변에 생겨난 새로운 형태의 숙박 업소였습니다. 처음에는 자동차 주차 시설 옆에 간단한 침대가 붙어 있는 소박한 숙소였죠. 일반 호텔보다는 저렴해서 인기가 많았습니다. 그런데 일부 여행객들은 이곳을 단속을 피해 성을 사고파는 성매매 장소로 활용했습니다. 또한 자동차는 폭력 조직이 급성장하게 된 배경이기도 합니다. 1920년 1월에 술의 제조, 운반, 판매를 금지하는 금주법이 시행되자 갱 조직들은 비밀리에 술을 만들어 팔아 엄청난 수익을 올렸고 조직을 전국적으로 확대했습니다. 이는 자동차라는 운송 수단이 있었기에 가능한 일이었습니다. 다른 갱

1922년 단속에 걸린 주류 밀매업자의 차.

조직을 공격하기 위해서도 자동차가 필요했고, 범죄를 저지르고 경찰의 추격을 따돌리기 위해서도 자동차가 필요했지요. 시카고의 전설적인 마피아 갱단의 두목 알 카포네는 이러한 시대와 환경에서 탄생했다고 볼 수 있습니다.

한편 자동차가 미국 산업을 대표하는 미국의 자존심인 것은 사실이지만, 현재 미국산 자동차는 전 세계적으로 인기가 별로 높지 않습니다. 미국인들조차 자국의 자동차를 그다지 신뢰하지 않는지 미국 도로를 질주하는 자동차의 절반 정도는 외국 회사의 것입니다. 여기에 우리나라 자동차도 한몫을 하고 있죠. 조지아 주에 있는 기아자동차 공장과 앨라배마 주 몽고메리에 있는 현대자동차 공장을 방문하면 한국인으로서 크나큰 자부심을 느끼게 됩니다. 그렇다면 미국 자동차 시장의 하락은 결국 미국 산업과 미국 자본주의의 쇠퇴로 볼 수 있을까요?

꼭 그렇지는 않습니다. 세계 자동차 시장의 글로벌화와 연결해 거시적 관점에서 보아야 할 테니까요. 개인주의적이고 실용주의적인 미국인들은 애국심 때문에 자국의 자동차를 선택하는 일이 드뭅니다. 각자 필요와 취향, 그리고 경제적 능력 등을 고려해 자동차를 고를 뿐이죠. 한편 현대자동차와 기아자동차가 우리나라 최신인 것은 사실이나, 미국에서 판매되는 대부분의 차량은 미국 내 공장에서 생산되며 공장 노동자들도 거의 미국인입니다. 즉 생산 시장과 소비 시장 자체가 글로벌화된 것이지요. 미국의 산업을 대표해 온 자동차는 오늘날 글로벌 시대, 글로벌 산업의 상징이 되었습니다.

파티의 제국

술, 마약, 사랑

미국 대학에서는 남학생들의 동아리나 사교 클럽을 프러터너티^{fraternity}, 여학생들의 동아리나 사교 클럽을 서러리티^{sorority}라고 합니다. 이들은 함께 사는 주택을 가지기도 하는데, 금요일 밤 풍경을 한번 볼까요? 대학 캠퍼스 인근에 위치한 동아리 소속의 주택에서 수십 명의 학생들이 술을 마시고 대화를 나누며 흥겨워하고 있습니다. 고성능 스피커에서 흘러나오는 빠르고 시끄러운 음악이 이들의 흥을 더욱 돋웁니다. 미국 학생들은 파티를 할 때 집 앞 나무에 두루마리 화장지를 두르곤 합니다. 앞뜰 나뭇가지에 걸려 있는 화장지 조각들이 바람에 한들거리니 그들의 모습도 더욱 비틀비틀 보이네요. 이는 금요일 밤이면 미국 대학가에서 흔히 볼 수 있는 광경입니다.

미국 청소년들은 어떻게 놀까

이런 모습이 우리에게도 그렇게 생소한 것은 아닙니다. 우리나라 대학생들도 이제 불타는 금요일, '불금'이라면서 젊음을 불사르곤 하잖아요. 하지만 미국 파티장의 모습을 조금 유심히 들여다보면 소스라치게 놀랄 것입니다. 몇몇 남녀 학생들이 진한 스킨십을 하고 있을 테니까요. 게다가 파티장의 구석에서는 젊은이들이 삼삼오오 모여서 하얀 분말 가루를 코로 들이마시기도 합니다. 마약인 코카인을 흡입하고 있는 것입니다.

미국에선 고등학생들도 '불금'에 파티를 합니다. 대학생들처럼 요란하지는 않지요. 미국에서는 만으로 21세가 되어야 법적으로 술을 마실 수 있거든요. 물론 법이 그렇다는 것이고 집에서 부모 몰래 가져오거나 여러 방법으로 술을 구해 와서 다른 음료와 섞어 그들만의 칵테일을 만들기도 합니다. 그러다 보니 미국에선 고등학생 시절에 파티에서 처음으로 마약을 경험하거나 첫 성관계를 경험하는 학생들이 많습니다.

물론 미국 청소년들과 대학생들의 파티 문화가 전부 그렇다는 것은 아닙니다. 대부분의 파티는 친구들끼리 모여서 관심사를 나

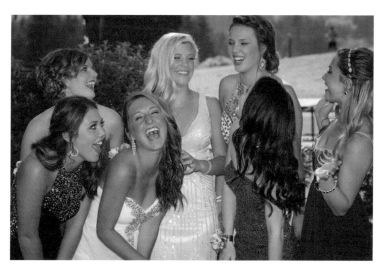

고등학교 졸업 파티인 '프롬'에 참여한 미국 여학생들의 모습. 프롬에는 보통 여학생과 남학생이 한 쌍으로 참여하며 남학생은 턱시도, 여학생은 드레스를 입는다.

누고 관계를 돈독히 하는 건전한 만남의 장입니다. 다만 호기심 많은 나이에 부모의 눈이 미치지 않는 곳에서 자기들끼리 만남을 가지다 보니, 보수적인 어른의 시각에서 보면 '탈선'할 소지도 생기게 되는 것이지요.

그렇다면 부모들이 그런 파티를 금지하거나 파티에 가지 못하도록 막으면 되지 않겠느냐고요? 부모들 또한 파티 문화 속에서 성장했기에 자녀들이 파티에서 어떤 경험을 할지 대충 예상은 합니다. 그러나 부모들은 대체로 청소년기에 접어든 자식들의 사적인 문제에 별로 간섭하지 않습니다. 청소년기의 '일탈' 역시 성장하는 과정으로 여기지요. 오히려 고등학생 아들이나 딸에게 이성 친구가 없다면 그것을 걱정하는 것이 미국 부모들입니다. '혹시 우리 아이가 친구들에게 인기가 없는 게 아닐까?' 하고요. 우리나라 부모들이 '친구들과 어울리다가 우리 아이 성적이 떨어지면 어쩌지?' 하고 걱정하는 것과 사뭇 대비되는 부분입니다. 미국 가정의 개방적인 문화와 청소년기에 대한 존중은 단순한 방임과는 다르지요. 이는 대다수 청소년들이 책임감 있는 주체로 자라니는 도양이 되어 줍니다.

개방적인
성 문화

기왕에 이성 교제에 관한 얘기가 나왔으니 성에 대한 얘기를 좀 더 해 볼까요? 미국은 분명 성에 대해 매우 개방적인 나라입니다. 청소년들의 이성 교제는 지극히 자연스러운 현상으로 받아들여지고, 미국인 상당수는 고등학교를 졸업하기 전에 이미 성 경험을 합니다. 미국의 학교는 대부분 남녀 공학이며 성교육이 정식 교과 과정에 포함되어 있죠. 어떤 부모는 주말에 파티에 가는 자식의 가방 속에 은근히 콘돔을 넣어 주기도 합니다. 우리나라 기준으로는 상상하기 힘든 일이지만, 아이들이 원하지 않는 임신을 하지 않도록 하거나 에이즈와 기타 성병에 감염되는 것을 방지하기 위해서죠.

그렇다고 해서 미국 젊은이들이 모두 성적으로 문란하다고 생각하면 곤란합니다. 사귀는 사람이 있다거나 그 사람과 사랑을 나눈다고 해서 무조건 문란하다고 매도되는 것도 정당하지 않은 일이고요. 게다가 어떤 학생들은 성에 대해 지극히 보수적입니다. 개인의 성에 대한 태도는 그가 속한 사회적 배경, 더 구체적으로는 가정 환경이나 학교 교육 등에 의해 형성되는 것이니까요. 최근에는 이른바 '순결 서약'에 동참하는 학생들도 늘어나고 있습니다. 결혼하기 전까지 순결을 지키겠다는 약속이죠. 주로 보수적인 기독교 학교를 중심으로 확산되는 '순결 서약'은 오랫동안 지속되어 온 성 개방적인 풍토에 정면으로 도전하는 것입니다. 하지만 전반적으로 미국 학생들의 성에 대한 태도는 개방적인 편이라고 할 수 있습니다.

우리나라도 이제 청소년들의 또래 문화나 이성 교제를 문제시하기보다 있는 그대로 존중하자는 분위기가 생기고 있습니다. 문제가 있다면 성교육의 부재로 인해 낙태라든지 10대 미혼모 등의 청소년 문제가 만만치 않게 커져 가고 있다는 것이죠. 이것은 미국도 마찬가지입니다. 미국의 10대 임신율은 세계에서 가장 높습니다. 하지만 미국은 우리와 달리 10대 임신에 대해 가정이나 학교, 그리고 사회에서 훨씬 적극적이고 따뜻하게 대처하고 도움을 주고받는 편입니다.

미국에서 만 21세 이전의 젊은이들에게 술을 판매하는 것은 불법입니다. 만약에 마트에서 미성년자에게 술을 팔거나 술집에서 미성년자를 입장시킨 것이 발각되면 업주는 과중한 처벌을 받게 됩니다. 그래서 마트 종업원은 미성년자로 의심되는 손님이 술을 사려 할 때는 꼭 신분증을 요구합니다.

또한 대부분의 주에서 실외 음주는 엄격히 금지되어 있습니다. 공원이나 기타 개방된 장소에서 술을 마셔서는 안 되죠. 대학생들이 동아리 주택 안에서 술을 마시는 것은 허용되나 만약에 술병을 들고 앞뜰에 나간다면 경찰에 체포당할 수 있습니다.

하지만 법만으로는 음주 문제를 근본적으로 해결할 수 없습니다. 미국에서 술을 처음 마시는 시기는 점점 빨라져서 남자아이는 평균 11살에, 여자아이는 13살에 입에 대기 시작한다고 합니다. 게다가 음주는 곧 마약으로, 분별없는 성관계로 연결될 확률이 높고 청소년기에 술에 중독되면 평생 이어질 확률 또한 높기 때문에, 청소년 음주 문제는 심각한 사회 문제가 아닐 수 없죠.

마약 문제도 심각합니다. 미국 고등학생 중 절반 정도가 마리화나를 비롯한 각종 마약을 복용한 경험이 있다고 합니다. 마약 중독으로 목숨을 잃는 숫자가 늘어나고 있으니, 미국 정부는 다른 나라와의 전쟁보다 국내 마약과의 전쟁에 우선적으로 총력을

● 미국에서는 공공장소에서 술병을 노출시키는 것도 조심스러운 분위기라서 술을 구매하면 불투명한 봉투에 담아 주고는 한다. 주사에 관대한 문화가 아니기 때문에 술을 마시고 행패를 부리는 것은 큰 실례로 여겨진다.

기울여야 할 형편입니다. 마약을 복용하는 수치가 늘어날수록 마약의 생산과 유통에 관련된 범죄도 증가합니다. 전 세계에서 한해 동안 거래되는 마약의 총 액수는 1000억 달러 정도인데 그중 절반 정도가 미국에서 거래된다니, 대도시는 물론이고 시골 동네에까지 마약 거래상이 포진하고 있다고 보면 됩니다. 폭력 조직의 대부분은 마약 거래와 직간접적으로 관련이 되어 있고, 마약은 단순히 폭력 조직의 확대와 돈 세탁의 문제뿐 아니라, 무기 암거래, 테러 집단과의 연계, 성매매, 인신매매 등과 관련되어 강력 범죄의 뿌리가 되고 있습니다.

미국이 세계 마약 거래의 온상지가 될 수밖에 없는 이유는 중남미 마약 생산지와 지리적으로 가깝기 때문입니다. 특히 미국으로 밀수입되는 마약의 상당 부분이 미국과 국경이 맞닿아 있는 멕시코를 통해서 들어오기에, 멕시코는 마약 전쟁의 최전방 기지라고 할 수 있습니다. 멕시코 정부 또한 미국 정부의 지원을 받아 마약과의 전쟁에 총력을 기울이고 있지만 아직까지는 별다른 효과를 거두지 못했습니다. 오히려 미국에서 밀수입된 각종 총기류가 마약 조직을 중무장시키고 있기 때문에 마약 전쟁에 따른 인명 피해가 기하급수적으로 늘고 있지요.

통계에 의하면 미국 청소년들이 술과 마약을 접하게 되는 계기는 주로 친구 때문이라고 합니다. 우리 속담에 '친구 따라 강남 간다'고 하는데, 이는 미국에서도 마찬가지인가 봅니다.

미국의 축제

앞서 미국은 파티의 제국이라고 이야기했는데, 계절마다 미국에선 어떤 축제가 열릴까요? 미국의 축제를 함께 살펴봅시다.

봄

만물이 생동하는 봄! 특히 부활절이 기다리고 있으니 미국인들은 너욱 슬겁습니다. 부활절은 예수 그리스도의 부활을 기념하는 날입니다. 춘분 이후 첫 보름달이 뜨고 난 다음의 일요일로 보통 3월 25일에서 4월 25일 사이에 찾아오죠. 교회마다 기념 예배와 행사를 열고, 사람들은 부활과 다산의 상징인 계란에 그림을 그려 선물합니다. 꼭 기독교인이 아니어도 부활절의 들뜬 분위기를 함께 즐기죠. 누구보다 부활절을 기다리는 건 학생들인데, 일주일간 부활절 방학 Easter Break 이 이어지기 때문이에요. 미국에선 봄 학기가 보통 1월에 시작하니 신학기에 적응하느라 바빴던 학생들은 부활절 방학을 더욱 반길 수밖에요.

5월이 오면 다양한 행사가 가득합니다. 5월 둘째 주 일요일은 어머니의 날이고, 5월 말이면 고등학교 졸업 파티인 프롬도 열립니다. 이 파티에 누구와 함께 가느냐는 졸업생에게 최고의 관심사이죠. 그간 사귀는 사람이 없었던 학생들도 프롬에 함께 가자고 청함으로써 좋아했던 상대에게 마음을 고백합니다. 프롬은 미국인에게 평생 각별한 추억으로 남는답니다.

여름

6월이면 여름 휴가철이 시작됩니다. 학생들은 긴 여름 방학 동안 아르바이트를 하며 용돈을 버는데, 휴가철이라 대형 놀이 공원 등 아르바이트 자리가 많습니다. 어린이와 청소년을 위한 여름 캠프도 6월에 시작됩니다. 과학 캠프, 예술 캠프도 있지만, 역시 대다수는 놀고 즐기는 캠프입니다. 하이킹, 캠프파이어, 서바이벌 게임 등 자연 속에서 친구들과 함께 즐겁게 어울릴 수 있죠.

재미있는 축제도 열립니다. LGBT 자긍심 축제이죠. LGBT란 레즈비언, 게이, 양성애자, 트랜스젠더를 말합니다. 축제의 유래는 이렇습니다. 1969년 6월 28일 뉴욕의 게이 바 '스톤월'에 경찰이 들어와 손님을 체포하려 했죠. 이날 게이들이 경찰에 저항한 것을 기념해 6월 말에서 7월 사이 LGBT 축제를 여는 겁니다. 다채로운 퍼레이드도 벌이고 퀴어 영화제도 진행합니다. 성소수자가 많이 사는 샌프란시스코의 축제가 특히 유명하죠.

6월 셋째 주 일요일은 아버지의 날로 기념합니다. 미국은 한 부모 가정이 많아 우리처럼 어버이날로 함께 기념하기보다 어머니의 날과 아버지의 날을 따로 기념합니다.

여름 축제의 하이라이트는 역시 7월 4일 독립 기념일입니다. 이날은 대도시는 물론이고 작은 소도시까지 축제 분위기로 들뜹니다.

가을　　국제적인 노동자의 날은 5월 1일로 메이데이라 부르고 미국에서도 메이데이에 여러 집회가 열립니다. 하지만 미국은 9월에 독자적인 노동절을 따로 두고 있죠. '노동 기사단'이라는 노동조합이 1882년 뉴욕에서 행진을 가진 것을 기념해 9월 첫째 주 월요일을 노동절 공휴일로 정했습니다. 이날 노동자들은 늦여름의 특별한 휴식을 즐깁니다.

10월 31일은 우리나라에도 많이 알려진 핼러윈입니다. 어린이들은 가면을 쓰거나 특이한 분장을 하고 이웃집을 방문해 "과자를 안 주면 마법을 부릴 거야!"Trick or Treat!라는 귀여운 협박을 해 사탕을 얻습니다. 어린이날이 없는 미국에선 핼러윈이 어린이날과 같습니다. 각 가정에선 아이들을 위해 사탕을 수십 봉지씩 준비해 두고, 수없이 울리는 현관 벨 소리에 부지런히 달려 나가곤 한답니다. 주인공은 아이들이지만, 성인들도 가면무도회를 열어 어린 시절의 추억을 되살리기도 합니다.

가을에는 추수 감사절도 있는데, 미국에서 크리스마스 다음으로 중요한 명절입니다. 추수 감사절은 11월 넷째 주 목요일로 정해져 있고, 이날은 가족이 함께 칠면조와 호박파이 등으로 저녁 식사를 합니다. 학생들은 이즈음 1주일 정도 방학을 맞고요. 멀리 떨어져 살던 식구들도 이날만은 함께 모이니, 우리로 치면 추석과 같은 날이죠.

겨울

12월 25일 크리스마스는 이제 전 세계의 축제일입니다. 미국도 1년 중 가장 성대하고 화려하게 기념하는 날이 크리스마스입니다. 가족이 함께 모여 즐겁게 식사를 하며 한 해를 정리하죠. 특히 크리스마스 때 어떤 선물을 준비할 것인가는 행복한 고민거리인데, 미국 상점가의 매출이 가장 많은 때도 이 무렵입니다. 추수 감사절 다음 날부터 크리스마스와 연말까지 백화점에서는 대대적인 세일을 벌이며 고객을 끌어들이는데, 이 시기를 두고 '블랙 프라이데이'라는 용어가 따로 붙을 정도입니다.

떠들썩한 크리스마스의 여운이 채 가시기 전에 새해 첫날이 밝아 옵니다. 미국인들은 12월 31일 밤에 성대한 파티를 열고, 자정이 되면 "새해 복 많이 받으세요!"Happy New Year!라고 외치며 새해를 축하합니다. 미국 전역을 대표하는 특별한 제야 행사도 열립니다. 11시 59분이 되면 뉴욕 타임스퀘어의 꼭대기에 매달린 공이 아래로 하강하고, 자정이 되는 순간 하늘에 폭죽이 터지죠. 한국에서 보신각종을 울리며 한 해의 평안을 기원하듯 미국에선 이 '볼 드롭' 행사를 지켜보며 새해의 행복을 기원합니다.

2월 14일은 밸런타인데이로 연인들의 기념일입니다. 다만 우리나라처럼 여자가 남자에게 초콜릿을 건네기보다 연인이 서로 초콜릿과 카드를 주고받으며 애정을 확인합니다. 꼭 연인이 아니더라도 감사의 인사를 전하는 의미로 간단한 선물을 주기도 한답니다.

Q&A

● 　미국에서는 팁을 꼭 줘야 하나요?

　　뉴욕으로 여행 왔다고 가정해 봅시다. 존 F. 케네디 공항에서 호텔까지 택시를 타면 기사에게 택시비의 약 15%를 팁으로 줍니다. 호텔에 도착하면 벨보이라는 객실 안내원이 짐을 옮겨 주는데, 그에게도 1~2달러 정도 팁을 주죠. 짐을 풀고 레스토랑에 내려와 식사하면 식사비의 약 15%를 팁으로 내고요. 이튿날 호텔을 나올 때는 객실 청소부를 위해 침대 위에 1~2불을 놓아두어야 합니다. 아이고, 이거 매사에 팁이 드니 허튼돈을 쓰는 기분이죠. 그러나 어쩔 수 없습니다. 이것이 미국의 문화니까요. 원래 팁 문화는 17세기 영국에서 시작되었다고 합니다. 남의 집에 머물게 되면 대접해 준 사람에게 감사의 표시로 돈을 놓고 가는 데서 유래됐죠. 하지만 오늘날 팁 문화가 가장 발전한 나라는 미국입니다.

　　만약 서비스가 만족스럽지 못하면 팁을 안 줘도 될까요? 그런 경우는 거의 없습니다. 그 대신 팁을 적게 줄 수는 있죠. 식당 웨이터나 웨이트리스의 서비스가 흡족하지 않으면 15%가 아닌 10%만 주는 식입니다. 반대로 서비스가 아주 좋으면 20% 이상도 줄 수 있죠. 푸드코트나 패스트푸드점처럼 셀프로 이용해야 하는 곳은 팁을 내지 않아도 됩니다. 다만 뷔페일 경우에는 그릇을 치우는 사람에 대한 예의로 약간의 팁을 줍니다.

● 피자는 미국 음식인가요, 이탈리아 음식인가요?

　　디즈니랜드 같은 놀이 공원에 가면 사람들 손에 주로 들려 있는 음식이 햄버거, 핫도그, 그리고 피자입니다. 미국 청소년과 청년층이 파티에서 가장 즐겨 먹는 음식도 피자이죠. 피자는 원래 이탈리아 음식으로, 19세기 이탈리아 나폴리에서 빵에 토마토소스와 치즈를 올려 먹었던 '나폴리탄 파이'가 현대식 피자의 원형이라고 알려져 있습니다.

　미국에서는 1905년 뉴욕의 이탈리아인 거주지에 처음으로 피자 가게가 들어섰습니다. 지금은 미국 어디에서나 피자 가게를 찾을 수 있죠. 미국 피자는 이탈리아 것에 비해 크기가 커서 저렴한 가격으로 여럿이 함께 먹을 수 있습니다. 지역마다 스타일은 조금씩 다른데 뉴욕 피자는 아주 크고 얇으며 가장자리가 비스킷처럼 바삭하고, 텍사스 피자는 텍사스 스타일의 바비큐와 칠리 플레이크를 토핑으로 얹습니다. 시카고 피자는 두꺼운 빵과 풍부한 치즈 맛으로 유명합니다. 최근 우리나라에도 시카고식 피자가 알려지고 있는데, 놀랍게도 30여 년 전에 이미 한국에 들어왔던 '시카고 피자'라는 프랜차이즈가 있었습니다. '시카고'라는 이름을 달고 있지만, 사실은 일본 기업이었죠. 이처럼 피자는 국경을 초월해 세계가 얼마나 빨리 가까워지는지를 보여 주는 음식입니다. 이탈리아가 원산지인 피자를 미국 대표 음식으로 떠올리게 된 까닭도 피자헛, 도미노피자 등 미국 기업이 세계 각지에 진출했기 때문일 겁니다.

● 미국에도 전·월세가 있나요? 모기지론은 뭔가요?

프라이버시를 중요하게 여겨서인지 미국인들은 아파트보다 단독 주택을 선호합니다. 집값이 비싸고 인구 밀도가 높은 도심의 다운타운보다는 교외로 나가서 널찍한 주택을 장만하려고 하죠. 대도시의 도심은 범죄율도 높고 공립학교의 교육 수준도 낮기에 교외로 나가는 이유는 충분합니다. 뉴욕에 직장을 둔 사람은 근처 뉴저지에 살면서 출퇴근하고, LA로 출근해야 하는 사람은 오렌지카운티 같은 근교에 집을 구하는 식입니다.

이들 주택은 규모의 차이는 있지만 대부분 뒤뜰에 정원이 있습니다. 뒤뜰에 수영장까지 갖춘 대저택에 사는 게 미국인들의 로망이지만, 작은 집이라 해도 조그마한 어린이용 풀장이나 놀이기구를 마련해 두곤 하죠. 고기를 굽는 바비큐 그릴은 필수고요. 앞뜰에는 주로 잔디를 까는데, 잔디밭 옆에 원격 조정이 가능한 개폐식 차고가 있고 농구 골대도 두죠. 집 앞뜰에서 아빠와 농구를 하거나 캐치볼을 하는 것은 아이들에게 소중한 추억이 되어 줍니다. 청소년들은 이웃집 잔디를 깎으며 용돈을 벌기도 하고요.

그런데 미국에는 전세라는 제도가 없어서 이런 집은 대부분 월세 계약을 맺거나 자기 소유로 구매합니다. 주택을 사고 싶은데 자금이 부족할 때는 모기지론mortgage loan을 고려해 볼 수 있습니다. 모지기론이란 은행을 비롯한 금융 기관의 장기 주택 자금 대출을 말하는데, 부동산을 저당물로 설정해 낮은 이율로 대출이 가능하게 한 것입니다. 최소 10년에서 길게는 30년까지 이어지는 장기 대출이라 이자 부담이 만만치 않지만, 목돈이 없는 사람들에게는 유용한 방법이지요.

그런데 이 모기지론이 세계에 대재앙을 불러왔습니다. 2000년대 초 미국 금융권은 다국적 투자자들을 끌어들이기 위해 증권을 대량 발행해야 했고, 그래서 모기지론 대상을 적극적으로 늘리게 되죠. 수입이나 자산 요건을 완화해 저신용자subprime에게도 적극적으로 대출을 승인해 주기 시작한 겁니다. 심지어는 어떤 자격도 요구하지 않고 신청만 하면 쉽게 대출해 주는 상황까지 벌어졌습니다. 사람들은 생활이 불안정해지면 다시 집을 팔아서 돈을 갚으면 되지 뭐, 하고 생각하면서 빚을 지고 집을 샀습니다. 그런데 2006년 무렵부터 미국 부동산 가격의 거품이 꺼지기 시작합니다. 집값이 속수무책으로 떨어지자 대출자들은 위기에 빠졌고, 은행이 대출자들로부터 원금을 회수하지 못하자 투자자들이 떠났으며, 결국 은행은 줄줄이 파산할 위험에 맞닥뜨렸습니다. 이것이 바로 2007년에 일어난 서브프라임 모기지론 사태입니다. 이 사태가 2008년 세계 금융 위기를 낳았고, 지금까지도 전 세계적 경기 불황으로 이어지고 있습니다. 파산 위기에 빠졌던 은행들은 어떻게 되었느냐고요? 미국 정부는 엄청난 지원금을 쏟아부어 이들 은행의 도산을 막았습니다. 서민의 삶은 망가졌지만 금융권은 타격이 적었죠. 앞서 3장에서 월스트리트 점령 시위 사진을 보았지요? 서민들 입장에서는 한숨이 늘 수밖에 없는 상황입니다.

- 미국 학생들의 학교생활이 궁금합니다.

이른바 '입시 지옥'을 겪는 우리나라 청소년들은 "미국 학생들은 학업에 대한 스트레스 없이 편하게 학교에 다니는데……." 하고 미국 학생들을 부러워합니다. 하지만 미국 학생들이라고 스트레스가 없겠어요? 물론 우리나라와 비교하면 적은 수준이겠으나 미국 학생들도 성적 고민을 많이 합니다. 통계에 따르면 고등학생들의 가장 큰 스트레스가 학업이라고 하고, 미국인이 일생에서 스트레스를 가장 많이 받는 시기가 고등학교 시절이라고 합니다. 미국 학생들 대다수는 체육이나 예술 등 갖가지 방과 후 활동을 해야 하고, 집에 가서는 다음 날 제출할 숙제를 하느라 밤늦게까지 끙끙대곤 합니다. 숙제 노이로제에 걸려 있다고 할 수 있죠.

게다가 미국 고등학생의 25% 정도가 제때 졸업을 하지 못합니다. 학교를 중도에 그만두는 경우도 10%나 되고요. 물론 주마다, 인종마다 상당한 차이는 있죠. 예컨대 네바다 주에서는 50%가 넘는 고등학생들이 졸업을 못 합니다. 주로 대도시 공립학교를 다니는 흑인과 히스패닉계 학생들의 중퇴율은 백인과 아시아계에 비해 압도적으로 높아서 사회적 문제로 떠오르고 있습니다.

왕따 문제는 어떨까요? 끼리끼리 뭉치기를 좋아하는 게 사람의 심리라서 미국인들도 예외는 아닙니다. 인종과 문화가 다양한 사회에서 편견과 따돌림이 아예 없다고 하면 거짓말이죠. 그런데 우리나라와 같은 집단적인 왕따 문제는 적은 편입니다. 아마도 어려서부터 남을 배려하도록 가르치는 학교와 가정의 교육 덕분일 겁니다. 예를 들어 이동이 어려운 장애인 학우를 보면 먼저 다가가 도움을 주려는 행동이 어려서부터 몸에 배어 있습니다. 그리고 아무리 어린아이끼리라 해도 서로 밀치거나 손찌검을 하는 건 용납되지 않습니다. 그런 일이 생기면 당장 담임 선생님이나 교장 선생님께 불려 가고 해당 부모들도 학교에 와야 하죠. 학교 폭력 상황에선 곧장 경찰이 출동합니다. 한편 미국의 고등학교는 우리 같은 학급 제도가 아니라 대학처럼 강의실을 돌아다니는 시스템입니다. 같은 반 학생들이 똘똘 뭉쳐 패를 짓기가 쉽지 않다 보니 왕따를 만들기가 외려 어려운 상황입니다.

다양한 인종에다 세계 곳곳에서 유학 온 학생들까지 뒤섞여 있는 환경은 왕따를 예방하는 데 긍정적인 요인입니다. 오히려 공부만 잘했지 사회성은 부족하다며 놀림을 당하는 경우도 있습니다. 이들을 '너드'nerd라고 놀리는데 '바보, 얼간이'라는 뜻입니다. 물론 심각한 왕따는 아니지만 놀림을 받는 학생은 기분이 나쁠 수밖에 없겠죠. 우리나라 같으면 명문대 준비생으로 특별 대우를 받을 학생들이 미국에선 자칫 얼간이라고 놀림당할 수 있다니 상당한 문화 차이입니다.

미국인들은 자기와 다른 문화를 접하거나 다른 행동을 하는 사람을 만나면 '흥미롭군.'interesting 이라는 표현을 자주 씁니다. 이것은 '이상하네. 'strange'라는 표현과는 다릅니다. 우리 사회에서도 왕따 문제를 해결하려면 나와 다른 것을 대할 때 '이상하네.'보다는 '흥미롭군.'이라고 생각하는 습관을 길러야 할 것 같아요.

*05 긴장을 늦추지 않는

친구 나라

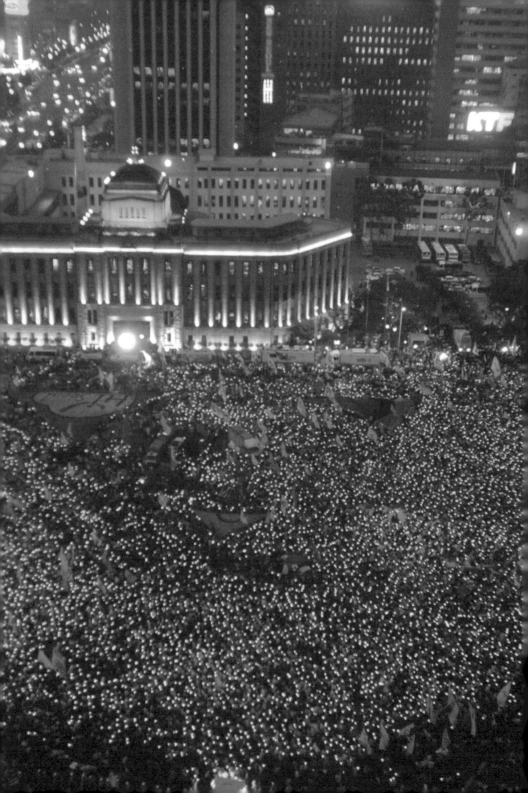

미국인이 생각하는 한국인

전쟁의 폐허에서 한강의 기적을 일구다

여러분은 미국 하면 어떤 이미지가 떠오르시나요?
앞에서 다뤘듯 경제 강국, 다문화의 나라 등을 떠올릴 수도 있겠
고, 대도시 뉴욕의 거리처럼 상징적인 풍경을 그려 보는 사람도
있을 겁니다.

TV 연속극 「매시」 속
한국인의 모습

그렇다면 미국인이 생각하는 한국의 이미지는 어
떨까요? 물론 사람에 따라 다양한 인상을 가질 수 있겠지만, 크

한국 전쟁을 배경으로 한 미국 드라마 「매시」의 한 장면.

게는 둘로 구분됩니다. 하나는 한국 전쟁에서 빚어진 이미지입니다. '1950년 가난하고 힘없는 아시아의 어느 나라가 공산주의자의 침략을 받자 미국이 전쟁에 개입해서 구해 줬다.'라고 기억하는 것입니다. 이러한 이미지가 형성되는 데는 1970년대와 80년대 초에 걸쳐 무려 11년 동안 방영되었던 미국 CBS 방송의 인기연속극 「매시」M*A*S*H의 영향이 절대적이었습니다. 바로 한국 전쟁을 배경으로 만들어진 드라마였기 때문이죠. 최근에 영화나 뉴스를 보면 미국이 개입한 중동이나 아프리카 전쟁을 많이 다루고 힘겹게 사는 그 나라 국민의 모습도 더러 나오는데, 연속극 「매시」에 등장한 한국인들도 딱 그러했습니다. 헐벗고 가난하고 불쌍한 모습이었죠.

다른 하나는 한국 전쟁의 폐허를 딛고 한강의 기적을 이룬 지금과 같은 이미지입니다. 한국 경제의 비약적 성장은 전 세계를 놀라게 했습니다. 한국 전쟁에 참전했던 미군 병사들이 다시 우리나라를 방문하면 이곳이 자신들이 싸웠던 그 가난하고 황폐한 나라라는 것을 믿을 수 없어 합니다. 이제 미국인 대다수는 한국을 잘사는 나라로 여깁니다. 많은 미국인이 손에 우리나라 기업이 만든 스마트폰을 들고, 우리나라 자동차를 몰며, 우리나라 기업이 생산한 텔레비전을 봅니다.

미국에 이름을 알린
한국인들

미국에 거주하는 한국인 교포들도 한국과 한국인의 이미지에 주요한 영향을 끼칩니다. 주로 대도시에 거주하는 한국 교포들은 세탁소와 잡화상 같은 소규모 자영업을 하면서, 근면하고 성실하게 일하고 경제적으로도 성공을 거둡니다. 거기다 우리나라 국민들의 각별한 교육열 덕분인지 교포 자녀들은 학업에서 탁월한 능력을 발휘하기도 하지요. 미국 학생들에게 한국계 학생들에 대한 인상을 하나만 말해 달라고 하면, 아마 틀림없이 '공부를 잘한다.'라고 할 것입니다.

사실 미국에서 부자이면서 머리가 좋은 민족의 대명사는 유대인입니다. 우리나라 교포들이 종종 '아시아의 유대인'으로 비유될 정도니 미국에서 한국인에 대한 이미지가 어떤지 아시겠죠? 그런데 여기서 신경 쓰이는 부분이 있습니다. '머리는 좋은데 돈밖에 모르는 억척스러운 사람들'이라는 이미지 또한 만만치 않기 때문입니다. 물론 이것이 절대적인 것은 아니겠지만 할리우드 영화에 이따금 그런 캐릭터의 한국인이 등장하는 것을 보면, 미국인의 의식 저변에 한국인에 대한 부정적인 이미지도 존재한다는 방증이겠죠.

최근에 한류 열풍은 아시아를 넘어 미국에서도 만만치 않게 일고 있습니다. 2012년 가수 싸이의 「강남스타일」은 미국인뿐 아니라 전 세계인의 어깨를 들썩거리게 만들었습니다. 한국의 아이돌 그룹들이 미국 젊은이들을 사로잡기도 하고, 세계적인 피겨스케이터 김연아 선수도 미국인들을 매료시켰습니다.

이제 대부분의 미국인에게 한국은 전쟁의 폐허를 딛고 경제적 성공을 거둔 나라 이상이며, 한국인은 머리가 좋고 공부를 잘하는 민족 이상이 되었습니다.

어설픈 첫 대면
조용한 아침의 나라와 미국

19세기 말에 서양 사람들은 한국을 '조용한 아침의 나라'라고 했습니다. 조선朝鮮의 한자어 뜻을 그대로 번역한 것인데, 듣기에 참 좋은 말이죠. 평화로운 휴양지의 아침을 떠올리게 하니까요. 그런데 이 말은 '은둔의 나라'라는 표현과 함께 사용되기도 했습니다. 이것은 듣기에 썩 좋은 말은 아니죠. 귀양살이하는 외진 곳을 연상하게 하잖아요.

'조용한 아침의 나라'로 불렸든 '은둔의 나라'로 불렸든 사실 19세기 말 한국은 서양에 많이 알려지지 않은 나라였습니다. 동양에 대한 서양의 관심은 대부분 중국, 당시 청나라에 쏠려 있었습니다. 세계 곳곳이 이미 유럽 열강의 제국주의 경쟁에 희생된 상황이라, 미개척지인 동아시아이 중국을 누가 차지하느냐가 최대 관심사였어요. 미국도 뒤늦게나마 중국 진출을 노렸지만 영국을 비롯한 유럽 열강에 비하면 세력이 제한적이었지요. 그래서 중국이 안 되면 일본이라도 개항시키고자 했습니다. 그 결과 미국은 1854년 일본과 조약을 맺어 200년 넘게 유지되던 일본의 쇄국을 끊고 개항을 얻어 냅니다. 하지만 중국과 일본 사이에 위치한 '조용한 아침의 나라'에 대해서는 큰 관심이 없었죠. 그렇다면 1871년에 발발한 조선과 미국의 전쟁, 이른바 신미양요는 어떻게 보아야 할까요?

조용한 아침의 나라로 온
제너럴셔먼호

　　　　1866년 8월 9일 중국에 정박 중이던 미국 상선 제너럴셔먼호가 '조용한 아침의 나라'로 출발했습니다. 제너럴셔먼호의 주인은 미국인이었지만, 당시 이 배는 영국 상사 회사에 위탁되어 있었습니다. 승무원은 총 24명이었는데 그중에 미국인은 선주 프레스턴을 포함해 단 3명이고, 나머지는 영국인 2명과 중국인과 말레이시아인 19명으로 구성되어 있었지요. 그 가운데 통역을 담당한 토머스 목사도 있었습니다. 토머스 목사는 영국의 개신교 목사로서, 조선에 개신교를 포교하려고 배에 올랐던 것이

지요. 제너럴셔먼호가 출항한 목적은 물론 '조용한 아침의 나라'
와 통상 및 교역을 하고자 했던 것이고요. 그래서 배에 비단과 자
명종 등 조선 사람들이 호기심을 가질 만한 것을 실었고, 이를 조
선의 쌀이나 홍삼 등과 바꾸려는 것이었습니다.

　제너럴셔먼호의 조선 출항은 당시 미국이 아시아에 진출하던
양상을 단적으로 보여 준다고 할 수 있습니다. 미국은 19세기 중
반부터 본격적으로 아시아 선교에 관심을 가지기 시작했습니다.
가장 중요한 지역은 중국이었지만, 중국에 진출한 선교사들을
통해 조선에 대해서도 조금씩 정보를 얻기 시작했죠. 포교에 대
한 열정은 다른 세속적인 욕망과 얽혀서 나타나기도 하는데, 특
히 급속한 산업 혁명을 겪고 제품 생산량이 늘어난 미국 기업들
은 제품을 팔 새로운 해외 시장을 찾아야 했습니다. 제너럴셔먼
호의 출항은 개신교의 포교와 무역 시장 개척이라는 두 가지 목
적을 꾀했던 미국의 아시아 진출 양상을 상징적으로 보여 준다고
할 수 있습니다.

　그렇다면 제너럴셔먼호는 그 두 가지 목적을 이루었을까요?
불행히도 실패했습니다. 제너럴셔먼호가 황해도에 닿았을 때 조
선 관리들은 되돌아갈 것을 명령했습니다. 그러나 제너럴셔먼호
는 이를 무시하고 대동강을 거슬러 올라가 평양 만경대까지 다다
랐습니다. 게다가 배에 다가온 군인 이현익을 붙잡아 감금하면
서 상황은 악화일로로 치달았습니다. 제너럴셔먼호는 뒤늦게 위

험을 깨닫고 물러나려 했지만 끝내 조선 군민의 공격을 받고 말지요. 배는 완전히 불타 버렸고, 선원은 몰살당했습니다. '조용한 아침의 나라'는 아직 깨어나길 원치 않았고, 무력으로 깨우려던 낯선 외국인에 대항해 온몸으로 저항했던 것입니다.

되돌아보면 제너럴셔먼호 사건은 시대가 낳은 비극이었습니다. 그 전에도 미국 선박이 조선에 표류한 적이 세 차례 있었지만, 그때마다 조선은 미국의 배를 청나라로 호송해 주었습니다. 그러나 제너럴셔먼호가 도착했을 무렵 조선은 외국 선박을 극도로 경계하고 있었습니다. 그해 초 이른바 병인사옥이 일어났기 때문인데, 대원군이 대대적인 천주교 탄압 정책을 펼쳐 프랑스 신부 9명과 천주교도 수천 명을 죽였던 것이지요. 그 후 조선 내에는 프랑스 함대가 이 사건의 책임을 물어 쳐들어올 것이라는 소문이 파다했습니다. 하필 그때 제너럴셔먼호가 조선에 들어온 것입니다. 실제로 프랑스 함대는 강화도를 침범했고 40여 일간 전투를 벌이다 물러나는데, 이러한 병인양요는 제너럴셔먼호 사건 이후의 일입니다.

신미양요는
왜 벌어졌을까

사건을 접한 미국 정부는 조선에 두 차례 선박을 보내 진상 조사를 시도합니다. 제너럴셔먼호가 미국의 주도하에 보내진 선박이 아니라 민간 선박이었던 터라 미국 정부는 굳이 서두르지 않고 정황을 수집했고, 그에 따라 응징 원정은 사건이 터진 5년 후에야 감행됩니다. 응징 원정이라고는 하지만 제너럴셔먼호 사건의 책임을 물으면서 조선과 통상 조약을 맺으려는 목적이 컸죠. 이것이 1871년 발발한 신미양요입니다.

일본의 나가사키 항에서 출발한 미국의 아시아 함대가 1871년 6월 강화도에 도착합니다. 미국은 군함 5척과 1,230명이라는 대규모 병력을 투입했지만, 사실 조선과의 무력 전쟁을 원하지 않았고 예상하지도 않았습니다. 당시 미국 해외 원정의 기본 형태는 미군 함대의 위용을 과시해서 상대국의 기를 꺾은 후 문을 열게 만드는 것이었습니다. 실제 미국은 이 방법으로 1854년 일본 개항에 성공한 바 있죠. 조선에 도착한 미군 함대는 일본보다 국력이 약하다고 생각되는 '은둔의 나라' 조선이 쉽게 요구에 응할 것이라고 예상했습니다.

하지만 그 예상은 여지없이 빗나갔습니다. 조선은 결사 항쟁을 선택했고, 양국 간의 대대적인 전투가 벌어지고 말았습니다.• 구식 화포와 조총으로 무장한 조선군은 최신식 화포와 총기로 무장한 미군에 전혀 상대가 되지 못했습니다. 가장 큰 전투였던 광성보 싸움에서 미군은 단 3명이 전사했을 뿐이지만, 조선군은 무려 250명이 전사했지요. 거기다 100명이나 되는 조선군이 포로로 잡히기를 거부하며 대거 자살했습니다.

• 조선이 협상을 거부하자 미국은 6월 10일 강화도 초지진을 초토화시켰다. 이튿날 덕진진을 점거했으며 마지막으로 광성보 전투가 벌어졌다.

1871년 미국 아시아 함대의 군함에 최초로 파견된 조선 관리의 모습.

　전사자 숫자만을 놓고 보면 신미양요는 미국의 압승이요, 조선의 완패라고 할 수 있습니다. 하지만 조선군이 보여 준 결사 항쟁의 정신은 미군을 놀라게 했습니다. 조선군은 총알이 떨어지자 돌과 흙을 던지면서 싸웠습니다. 손쉽게 항복을 받아 낼 것으로 예상했던 미군은 당황했고, 조선군의 완강한 저항에 질려 버렸습니다. 미군은 결국 조선에서 철수해 다시 일본으로 귀항하고 맙니다. 미국은 승리했지만 그것은 당시 미국 신문에 보도된 대로 "미개인들과의 작고 사소한 싸움"에서 거둔 승리였고 "별로 기억하고 싶지 않은 무의미한 승리"였을 뿐이죠.

어설픈 첫 대면
그 후

　　　　미군이 철수하자 조선은 적을 몰아냈다고 기뻐했습니다. 대원군은 전국에 척화비를 세우고 쇄국 정책을 더욱더 강화했습니다. 그러나 신미양요를 겪은 조선의 조정은 현실적으로 서양 세력이 얼마나 강한지를 깨달았습니다. 결국 쇄국 정책을 지속하려던 대원군은 힘을 잃어 물러났고, 그의 아들 고종이 정식으로 왕권을 행사하게 되었습니다. 조선은 개화파°가 세력을 잡게 되었지요. 즉 신미양요 이전의 조선과 이후의 조선은 상황이 전혀 달라진 겁니다. 만약 일본으로 물러갔던 미국의 아시아 함대가 다시 조선 원정에 나섰다면 조선이 손을 들고 개항했을지도 모르는 일입니다.

　그런데 미국은 신미양요 이후 조선에 대한 관심을 거두어 버립니다. 이제 미국 대신 일본이 마수를 뻗기 시작하지요. 일본은 20여 년 전 미국이 그들을 개항시켰던 방법을 그대로 사용해서 조선을 압박했습니다. 영국에서 수입한 근대식 군함인 운요호를 조선에 출항시켜 그 힘을 과시했지요. 1875년 9월에는 오늘날의 영종도에 상륙해서 조선 수군과 격전을 벌이고 방화와 살육을 저질렀습니다. 그리고 적반하장으로 사건의 책임을 조선에 물으며 수교 통상을 강요했습니다. 그 결과 이듬해에 조선과 일본은 강화도 조약을 체결하게 됩니다. 이후 조선은 여러분도 잘 알

● 조선 말기에 문호를 개방해 서양의 발달된 문물을 받아들여야 한다고 주장한 정치 세력. 초기 개화파의 대표 인물로는 박규수, 오경석, 유홍기 등이 있다. 문벌의 폐지와 재능에 따른 인재 등용 등을 주장하며 평등한 근대 사회를 건설하려고 했다.

다시피 일본의 간섭에서 벗어나지 못합니다. 강화도 조약은 조선이 일본의 식민지가 되는 첫 수순이었던 셈이지요.

'조용한 아침의 나라'는 적어도 19세기 말에는 결코 조용하지 않았습니다. 서쪽으로는 중국, 북쪽으로는 러시아, 그리고 남쪽으로는 일본이 조선을 차지하려고 다툼을 벌이면서, 혼란스럽고 어지러웠지요. 제너럴셔먼호 사건과 신미양요를 통해 짧고 어설픈 대면을 했던 미국은 이후 조선에 대한 관심을 껐고, 조선은 불운한 시대의 격변 속에 휘말리고 말았습니다.

개화기

요동치는 한반도의 운명과 미국

　　비록 조선에 대한 관심이 많이 사그라지긴 했지만, 그렇다고 미국이 동아시아로 향한 시선 자체를 거둔 것은 아니었습니다. 1882년에는 조선과 미국이 조미 수호 통상 조약을 맺는데, 이는 조선이 서양 국가와 처음으로 체결한 수호 통상 조약이었습니다. 이로써 조선은 미국과 공식적인 교류를 시작하게 되었고, 1883년에는 조선의 외교 사절단인 보빙사°가 미국을 방문하기도 하였습니다. 한편 1898년에 미국은 미서 전쟁을 통해 구제국의 상징인 스페인을 물리치고 새로운 제국으로서 기지개를 펴기 시작했죠. 전쟁의 승리로 필리핀과 괌 등을 획득하며 태평양

● 우리나라 최초로 미국에 파견된 외교 사절단으로 1883년 9월부터 40여 일간 미국에 머무르며 근대식 시설과 제도를 살폈다. 보빙사의 보고는 이후 농업 기술의 연구 등에 기여했으며, 미국에 대한 호의적인 정서가 형성되는 데에도 영향을 끼쳤다.

1884년의 고종. 미국에 파견된 보빙사를 안내했던 미국인 사업가 퍼시벌 로웰이 조선에 초대받았을 때 찍은 것으로 고종 최초의 사진으로 알려져 있다.

으로 관심을 확장한 미국은 동아시아에 대해 더 적극적인 개입을 시도하면서 '문호 개방 정책'open door policy을 발표합니다. 중국의 주권은 존중되어야 하며 중국의 문호는 모든 국가에 개방되어야 한다는 것이었죠. 특히 모든 국가에 공평히 문호를 열 것과 특정 국가에만 관세 특혜를 주는 방침을 폐지할 것을 촉구하는 내용이 담겨 있었습니다. 제국주의의 광풍을 경계하는 정책 같지만, 실상은 제국주의 경쟁에 뒤늦게 뛰어든 미국이 유럽 열강들을 제치고 중국에 진출하기가 어려운 상황이라 '주권 존중'이라는 명분 하에 틈새를 노린 겁니다.

이는 미국이 제국주의 경쟁에 본격적으로 참여한다는 선언과도 같았습니다. 그 대상이 오랫동안 미국의 주된 관심지가 아니었던 동아시아, 특히 그 동아시아를 대표하는 중국이라는 점은 중요합니다. 이제 아시아의 운명은 유럽 열강뿐 아니라 미국이라는 변수 앞에 놓이게 되었습니다. 거기에 우리나라의 운명도 달려 있었죠.

태평양의 지배권을 쥔 미국

1904년 러일 전쟁이 발발했습니다. 시어도어 루스벨트 대통령은 러일 전쟁이 벌어지기 전부터 향후 동아시아의 패권을 놓고 미국이 러시아, 일본과 각축전을 벌일 것으로 예견했고, 그중 러시아가 미국의 이익과 아시아의 평화에 더 위협적일 것으로 보았습니다. 러일 전쟁이 터지자 그는 일본이 승리해 러시아를 견제하는 것이 미국의 이익에 더 도움이 되리라고 판단했죠. 전쟁이 실제로 일본의 승리로 기울자 루스벨트는 러시아와 일본 사이에서 평화 회담을 중재했고, 1905년 9월 미국의 포츠머스에서 강화 조약이 체결되었습니다. 조약의 핵심은 한반도에서 일본이 가지는 정치, 경제, 군사상 우월권을 러시아가 인정하고 이를 방해하지 않는 것이었습니다. 포츠머스 강화 조약을 맺기 전인 7월 29일에는 일본 총리 가쓰라 다로와 미국 육군 장관

윌리엄 태프트가 이른바 '가쓰라 태프트 협정'을 체결한 바 있지요. 일본은 미국의 필리핀 지배를, 미국은 일본의 대한 제국 지배를 서로 인정한다는 협약이었습니다. 가쓰라 태프트 협정을 통해 미국으로부터 한반도 지배권을 인정받고, 포츠머스 조약을 통해 러시아의 견제도 물리친 일본은 그해 11월 17일 대한 제국과 강제로 을사늑약을 체결하고 맙니다. 을사늑약의 핵심은 대한 제국의 외교권을 일본이 가진다는 것입니다. 일본의 승인 없이는 대한 제국이 어떤 나라와도 조약을 맺거나 국제적 성질의 약속을 하지 못한다는 내용이었으니 사실상 한반도는 일본의 손아귀에 들어간 것과 다름없었습니다. 격변하는 세계사의 흐름에서 힘없는 민족이 어떠한 비운을 맞이하는지를 뼈저리게 보여 주는 순간이었죠. 결과적으로 미국은 필리핀으로 상징되는 태평양에 대한 지배권을 확보하는 동시에 일본과의 상호 협조를 굳건히 다지기 위해 우리나라를 일본에 넘긴 셈이었습니다.

조선에 온
미국 선교사들

고종 황제가 끝까지 승인하지 않았기 때문에 을사늑약은 원인 무효의 조약이지만, 미국은 사실상 이를 묵인했습니다. 그러니 우리 입장에서는 원망스럽고 원통할 수밖에 없지요. 그러나 한편으로는 민간 차원에서 미국과 당시 우리나라가 어떻

게 교류했고 영향을 주고받았는지 조
금 다른 시선으로 들여다볼 필요도 있
을 것 같군요. 그 또한 한미 관계의 중
요한 역사이기 때문입니다.

조선 정부가 인정한 첫 선교사 알렌.

특히 조선으로 포교 활동을 온 선교
사들의 역할은 지대했습니다. 1884년
개신교 장로회 소속 의료 선교사 알렌
이 미국 선교사로서는 최초로 우리나
라에 왔습니다. 이전에 조선에 온 천주교 선교사들은 온갖 핍박을
견뎌야 했고 결국 순교하기도 했습니다. 알렌 역시 그러한 가슴
아픈 전철을 밟았을까요? 아닙니다. 알렌의 여정은 의외로 순탄
했습니다. 당시 조선이 신앙의 자유를 용인하는 분위기로 바뀌고
있었기 때문이기도 하지만, 더 결정적인 계기는 알렌이 조선에
도착한 지 3개월도 채 되지 않아 발생한 갑신정변이었지요. 개화
파이며 명성 왕후의 조카였던 민영익이 저격당해 생명이 위태로
울 때 의사인 알렌이 치료해 준 것입니다. 이를 계기로 알렌은 고
종의 총애를 받으며 왕실과 친밀한 관계를 유지하게 되었습니다.
이후 우리나라에 들어온 미국 선교사들은 적어도 조정으로부터
는 핍박과 박해를 받지 않고 선교에 힘을 쏟을 수 있게 되었죠.

우리나라에 온 미국 선교사들은 대체로 의료와 교육을 통해 선
교 사업을 벌였고, 한국에 근대 서양 문물을 소개했습니다. 알렌

은 1885년 고종에게 건의하여 서양식 왕립 병원인 제중원濟衆院을 설치하게 했는데, 이것이 지금의 세브란스 병원으로 발전되었죠. 광주 기독병원, 전주 예수병원 등도 한말에 미국 선교사들이 세운 병원들입니다. 또한 언더우드와 아펜젤러 같은 선교사들은 근대적 교육 기관을 설립해서 한국 근대 교육의 선구적 구실을 하게 됩니다. 이들이 세운 대표적인 교육 기관으로 지금의 배재고, 이화여대, 연세대 등이 있습니다.

우리나라에 처음으로 여성 교육 기관도 생기게 되었습니다. 1886년 스크랜턴 여사가 서울 정동의 자택에서 지금의 이화여대인 이화학당을 시작했고, 다음 해에는 엘러스 여사가 제중원 사택에 지금의 정신여고인 정동여학당을 세웠죠. 남녀 차별이 엄격했던 유교적 전통과 당시 사회적 여건을 고려할 때 파격적인 일이 아닐 수 없으며, 이들 학교에서 배출한 여성들이 우리나라의 근대화를 위해서 얼마나 귀중한 역할을 담당했는지는 두말할 나위가 없지요.

선교사들의 역할과 한계

한국 근대화의 역군이자 독립 운동가 대다수가 이러한 근대적 교육을 받은 사람들이었습니다. 1919년 3·1 독립운동 때 발표한 독립 선언서에 서명한 대표 33인 중에서 기독교인

1908년 이화학당의 저학년 여학생들.

이 무려 16명이었다는 것은 개화기 미국 선교사들의 영향이 얼마나 컸는지 단적으로 보여 준다고 할 수 있습니다. 훗날 대한민국의 초대 대통령이 된 이승만도 원래 과거 시험을 보려고 서당에서 한학을 공부하다가 1894년 과거 제도가 폐지되자 이듬해 배재학당에 입학해서 영어와 신학문을 익혔습니다. 그러다 미국 유학을 마치고 돌아온 서재필이 배재학당 내에 협성회°를 조직하자 이에 가담해 개혁 운동에 전념했고, 1912년 미국 선교사의 도움으로 미국으로 건너가 그곳에서 독립운동을 주도하게 되었죠. 어쩌면 한학과 과거 시험에서 영어와 신학문으로 전환한 이승만

● 1896년에 대중 계몽을 목적으로 조직된 학생 운동 단체. 그 뒤 일반인의 가입이 허용되면서 사회단체로 발전했다. 자주 독립이나 자유 민권 등을 주제로 토론회를 열었으며 우리나라 최초의 일간 신문인 『매일신문』을 발행했다.

의 인생 변화가 향후 우리나라의 변화를 암시해 주는 것이었을지도 모르겠군요.

　이처럼 선교사들은 우리가 신문물을 받아들이고 개화하는 데 큰 영향을 미쳤습니다. 하지만 결국 일본에 나라를 빼앗겼으니 선교사들의 헌신과 희생도 빛이 바랠 수밖에요. 일각에선 선교사들의 역할을 부정적으로 평가하기도 합니다. 앞서 이야기했던 알렌만 해도 서양 의학 기술의 도입에 중요한 역할을 한 것은 맞지만, 이후 고종파의 친분을 이용해 운산 금광 채굴권, 경인선 철도 부설권 등의 이권을 미국에 넘겼다는 비판도 있지요. 한편 미국 선교사들이 의료 및 교육 사업뿐 아니라 정치, 외교적인 면에서도 적극적이었다면 하는 아쉬움이 듭니다. 그들이 미국 정부를 압박해서 우리나라를 강점하려는 일본의 야망에 제동을 걸 수 있었다면 어땠을까 하는 생각도 해 보지만, 역사에 가정은 없지요.

한국 전쟁

한반도, 미소 대결의 대리 전쟁터가 되다

앞서 1부에서 살펴보았듯 20세기는 '미국의 세기'라고 합니다. 미국이 20세기에 세계 질서를 주도했기 때문이지요. 1차 대전에 참전한 미국은 독일의 패배를 이끌어 냈지만, 강력한 고립주의에 빠집니다. 그래서 2차 대전이 시작되었을 때도 미국은 사실 개입할 생각이 없었지요. 미국이 고립주의를 깨는 계기는 유럽이 아닌 태평양에서 나타났습니다. 1941년 12월 독일의 동맹국인 일본이 미국 영토인 하와이를 공격한 것입니다. 미국이 전쟁에 가담하지 않았다면 유럽에서 연합국이 승리하기란 불가능했고, 태평양과 아시아에서 일본의 독주를 막을 길이 없었죠. 2차 대전에서 연합국의 승리를 이끈 미국은 향후 세계 질서에 막강한 힘을 발휘하게 됩니다.

냉전 시대의
아픈 역사

2차 대전이 공식적으로 종결된 날짜가 1945년 8월 15일이니, '미국의 세기'가 시작된 그날 우리나라도 일본의 식민 지배를 벗어나 광복의 기쁨을 맛보게 되었습니다. 그리고 5년 후 '미국의 세기'를 공고히 하는 아주 중요한 사건이 한반도에서 터집니다. 바로 한국 전쟁입니다.

2차 대전을 계기로 유럽 중심의 구제국주의 시대가 마감되고 이제 본격적으로 미국의 시대가 오는 듯했습니다. 하지만 미국은 소련이라는 강력한 도전자를 만나게 되죠. 이제 세계 자본주의 체제를 주도하는 미국과 공산주의 체제를 대표하는 소련이 숙명적인 주도권 대결을 벌이게 되었습니다. 이것을 '냉전'이라고 합니다.

그런데 냉전의 와중에 한반도에서 뜨거운 전쟁이 터지고 맙니다. 2차 대전 종식과 함께 광복을 맞이했지만 한반도는 남과 북으로 분단되었습니다. 그 이유는 다름 아닌 미국과 소련의 대결 때문이었죠. 남쪽은 미국의 영향권에 속하고, 북쪽은 소련의 영향권에 들어갔습니다. 그런 상황에서 1950년 6월 25일 북한이 남침을 감행하자 미국은 그 배경에 분명히 소련이 있다고 판단하고 전쟁에 개입합니다.

미국은 단순히 남한을 방어하기 위해 전쟁에 뛰어든 것이 아니었습니다. 크게는 미소 대결의 냉전 시대에서 소련에 질 수 없는 상황이었고, 작게는 미국 내의 정치·사회적 흐름 속에서 개입할 수밖에 없었습니다.

트루먼 대통령의
위태로운 선택

미국 내의 사정을 좀 더 살펴보기로 하죠. 전후 미국 정부는 냉전을 기정사실화하고 소련과의 대결에서 승리하고자 총력을 기울였습니다. 그런데 미국 정부의 이러한 노력에도 불구하고 미국인들은 과연 냉전에 미국의 국력을 집중해야 하는지 확신이 없었습니다. 게다가 1948년 선거에서 예상 밖으로 민주당의 트루먼 대통령이 재선에 성공하자 야당인 공화당은 충격을 받게 됩니다. 공화당은 트루먼 행정부의 문제점을 꼬집어서 곤경에 빠뜨리려 했습니다. 그래야 다음 선거에서 정권을 잡을 수 있으니까요. 공화당이 트집 잡은 문제점은 주로 트루먼의 외교 정책이었습니다.

1949년 10월 중국이 공산화되자˚ 공화당은 이것이 트루먼 행정부의 실책으로 생겨난 비극이라고 몰아붙였습니다. 다음 해 2월,

● 중국은 1840년 영국과의 아편 전쟁에서 패배한 뒤 서구 열강과 일본의 침략, 국내의 정치적 갈등 등으로 분열되어 있었다. 중국 공산당은 국민당과의 내전에서 승리해 분열된 중국을 통일했으며, 공산당 지도자 마오쩌둥은 1949년 10월 1일 톈안먼 광장에서 중화인민공화국의 수립을 공식 선언했다.

1940년대 반공주의를 드러낸 만화책 표지.

공화당의 조셉 매카시라는 의원은 미국 정부 내에 수많은 공산주의자들이 활개치고 있다고 단언했고, 미국은 이른바 '빨갱이 소동'으로 극도의 혼란에 빠지게 됩니다. 이것이 유명한 매카시즘입니다. 오늘날에도 자주 인용되는 매카시즘이란 극단적이고 보수적인 반공주의, 혹은 정치적인 경쟁자를 공산주의자로 몰아 처벌하려는 태도를 말합니다. 공화당은 계속 민주당 정권을 뒤흔들었고, 수세에 몰린 트루먼은 뭔가 새로운 돌파구를 찾아야 했습니다. 국민들에게 미국 정부가 국제적으로 얼마나 큰 지도력을 발휘하고 있는지 확인시켜 줄 특별한 계기가 필요했지요. 이것이 한국 전쟁이 터지기 직전 미국의 상황입니다.

그 특별한 계기는 의외의 곳에서 생겼습니다. 전후 미국의 관심이 집중되었던 유럽도 아니고, 냉전 초기 미소 대결의 상징적 공간이었던 베를린도 아니었습니다. 오랫동안 미국의 관심에서 벗어나 있었고, 미국인들의 머릿속에 지리적 개념조차 희박했던 한반도가 바로 그곳이지요.

미국인을 결집시킨
한국 전쟁

　　트루먼은 한국 전쟁을 소련 공산주의와의 '대리전쟁'으로 간주하고 즉각 대응했고, 갓 태어난 국제 연합UN과 함께 전쟁을 국제화시켰습니다. '조용한 아침의 나라'는 한순간에 미국의 관심을 독차지하게 되었지요. 냉전은 분명 유럽 중심의 세계 질서를 등에 업고 태어났고, 그 상징은 분단된 독일이었습니다. 하지만 냉전 사태를 해결하는 것이 미국의 세계사적 책임이자 의무라고 확인한 계기는 한국 전쟁이었습니다. 한반도가 '미국의 세기'를 구축하는 가장 중요하고 특별한 지역으로 떠오르게 된 것입니다.

　한국 전쟁으로 미국은 결집되었습니다. 냉전 초기 불안정하고 혼란스러웠던 미국이지만 한국 전쟁은 세계 속 미국의 존재와 가치를 새삼 환기시켰고, 국내외 문제로 어지러웠던 상황을 정화하는 카타르시스가 되었습니다. 소련을 두고 벌어진 강경파와 온건파 사이의 논쟁과 분열도 더는 계속되지 않았습니다. 중국 공산화에 대한 책임론도 잠잠해졌습니다. 매카시즘의 요란함 또한 한풀 꺾였죠.

　그러나 이는 문제를 근본적으로 해결한 것이 아니었기에 얼마 가지 않아 미국인들은 전쟁을 지겨워하기 시작했고 화살은 다시금 트루먼 대통령에게 돌아갔습니다. 무엇보다도 전쟁을 지지

한국 전쟁 당시 낙동강 앞에서 M-24 탱크를 몰던 미군의 모습. 1950년 8월 17일 사진.

부진하게 끌고 있는 행정부의 무력함에 국민들은 실망했습니다. 1952년 선거에서 민주당은 공화당에 완패했습니다. 37년간 군 생활을 한 2차 대전의 영웅 아이젠하워가 새로운 대통령으로 당선되었습니다. 아이젠하워는 "당선되면 한국에 갈 것이다."라며 유권자들의 환심을 샀습니다. 이는 한국 전쟁을 끝내겠다는 뜻이었으며 유권자들은 2차 대전의 영웅이라면 가히 그럴 수 있을 것이라고 기대했습니다. 실제로 아이젠하워는 당선 직후 한국을 방문했고,[•] 1953년 3월 소련의 지도자 스탈린이 죽자 이를 계기로 그해 7월에 휴전 협상을 타결했습니다. 아이젠하워의 대통령 임기가 시작된 지 반년 만에 한국 전쟁은 종결되었습니다.

미국의 세기를 구축하는 데 한국 전쟁이 중요했듯이, 한국이 지금의 세계적 국가로 발돋움하기까지 미국의 존재 또한 매우 중요했습니다. 물론 미국이 남한의 공산화를 막기 위해서라거나 전쟁의 피해를 줄이겠다는 순수한 목적으로 한국 전쟁에 개입했다고 볼 수는 없습니다. 앞에서 살펴본 것처럼 미국의 세계 전략과 미국 내의 복잡한 이해관계가 적용된 결정이었지요. 그러나 국제 관계에서 이익이나 손해가 어느 한 나라에 일방적으로만 일어나는 것은 아닙니다. 한국 전쟁에 미국이 개입하지 않았다면 아마 지금의 대한민국이 존재하기도 어려웠을 겁니다. 전쟁을 딛고 새로운 발전을 이룩하려는 한국인의 의지와 열정이 무엇보다 주요한 우리의 성장 동력이었음은 두말할 나위가 없지만, 그 과정에서 미국이 담당한 역할 또한 간과하지 말아야 할 부분이 있습니다.

● 1952년 12월에 방문했는데, 이때는 아직 대통령직에 취임하지 않은 때였다. 이후 아이젠하워는 1960년 6월에 한 번 더 방문하며, 이것이 미국 대통령 최초의 한국 방문이었다.

한강의 기적

경제 성장과 민주화는 어떻게 가능했을까

한반도의 분단은 치열한 냉전 상황이 해소된 오늘날에도 냉전의 상징으로 남아 있습니다. 미국은 국제 연합군과 함께 한국 전쟁에 참전했지만 UN의 역할이란 지극히 제한적이었으며 UN군의 전쟁 사망자 수도 극소수였습니다. 미군의 사망자 수는 약 5만 5,000명으로 우리나라 국군의 사망자 수와 비슷합니다. 미국이 전쟁에 사용한 군비도 400억 달러나 됩니다. 한국 전쟁은 전쟁 당사자인 남한과 북한뿐 아니라 '미국의 전쟁'이기도 했던 셈이지요.

혈맹국이 된
한국과 미국

분단된 한반도의 남쪽, 한국은 미국에게 매우 중요한 국가로 부상했습니다. 우선 동아시아에서 미국의 군사 및 전략적 요충지로 떠올랐지요. 그리고 소련을 비롯한 공산주의 국가에 대항해서 민주주의와 자본주의를 지키겠다는 미국의 대외 정책이 과연 성공할 수 있을지 가늠하는 주요한 나라가 되었습니다.

우리나라의 입장에서 보면, 한국 전쟁에서 적극적으로 우리를 지원한 미국은 혈맹국血盟國이 되었습니다. 또한 전쟁의 폐허를 딛고 경제적으로 발전할 수 있었던 배경에는 미국의 경제적 지원은 물론이요, 군사적 지원과 확고한 안보 공약이 있었지요. 1953년 10월 한국의 안전 보장을 위해서 한미 상호 방위 조약이 체결되었습니다. 세계에서 가장 강력한 군사력을 갖춘 미국이 한국의 동맹국으로 버티고 있는 한, 대치 중인 북한은 물론 다른 주변국들이 한국을 마음대로 다룰 수 없었습니다. 미국의 군사적 지원과 보장은 한국인에게 심리적인 안정감을 가져다주었고 경제 개발에 집중할 수 있게끔 했습니다.

그러한 안정감이 '한강의 기적'을 만든 보이지 않는 토대였습니다. 한강의 기적이란 한국이 전쟁의 폐허를 딛고 단시일 내에 비약적인 경제적 발전을 이룩한 것을 가리킵니다. 그런데 경제적 발전만이 한강의 기적일까요? 우리가 이룬 기적에는 민주주의의 발전도 포함되어야 합니다. 경제적 성장과는 달리 한국의 민주주의는 많은 시행착오와 아픔을 겪으며 더디게 발전했는데 어떻게 '기적'이라 말할 수 있느냐고요? 그 이유를 차근차근 살펴보겠습니다.

한강의 기적은 어떻게 가능했을까

한국 전쟁 이후 20여 년간 미국은 우리나라에 막대한 무상 원조를 제공했습니다. 미국은 왜 이렇게 대대적인 원조를 펼쳤을까요? 물론 가난에 신음하는 사람들을 구제하려는 인도주의적인 목적도 있었지만, 무엇보다 중요하게 고려된 것은 냉전 시대의 전략적 가치였습니다. 미국은 경제 안정이 없다면 한국의 방위력도 유지될 수 없다고 보았습니다. 즉 경제 문제가 안보 문제와 직결되어 있다고 생각했죠. 그리고 만약 미국을 등에 업고 한국이 성장한다면, 한국에 대한 미국의 지배력을 강화할 수 있을뿐더러 동아시아에서 미국의 위신을 드높이는 데에도 큰 도움이 되리라고 판단했습니다.

이런 경제 원조를 바탕으로 한국 정부는 경제 개발 5개년 계획을 수립하고 수행하면서 한강의 기적을 만들 토대를 서서히 다지기 시작했습니다. 1971년 불과 10억 달러였던 수출액이 1977년에는 100억 달러로 확대될 정도였지요. 수출 주도의 한국 경제에

1988년 올림픽 폐막식 장면. 서울에서 열린 올림픽은 한강의 기적을 전 세계에 알리는 계기가 되었다.

미국은 가장 중요한 역할을 담당했습니다. 미국이라는 거대한 시장이 있었기에 한국의 수출 산업이 탄력을 받게 되었습니다.

경제적으로 꾸준히 성장하던 우리나라는 1980년대에 이르면서 단순히 미국의 지원을 받는 나라가 아니라 상호 호혜적 경제 파트너로 발전했습니다. 1988년 서울 올림픽은 한강의 기적을 세계에 알리는 계기가 되었죠. 1945년 해방 직후 불과 45달러였던 1인당 국민 소득이 1988년에는 100배에 가까운 4,435달러에까지 다다랐으니 세계사에서 그 일례를 찾을 수 없는 기적이지요. 2000년대에 이르면서 한국은 선진국과 어깨를 나란히 할 정도로 경제 강국이 되었습니다.

한강의 기적이라는 말은 2차 대전 이후 서독의 경제적 발전을 이르는 '라인 강의 기적'*에서 유래했지만, 한국이 보여 준 성과는 독일의 그것보다도 더 놀라웠습니다. 독일은 19세기 말부터 세계적인 강국이었고, 비록 2차 대전의 패전국이었으나 경제적 잠재력은 여전히 높았죠. 하지만 한국은 그야말로 아무것도 없는 황무지에서 출발한 데다 설상가상으로 전쟁이라는 고초를 겪었는데, 그럼에도 단시일에 기적을 만들어 낸 것입니다.

그러나 미국의 경제적 지원만이 한강의 기적을 일구어 낸 배경이라고 생각하면 곤란합니다. 미국의 원조보다도 중요했던 것은 한국인의 근검절약 정신과 잘살아 보겠다는 굳은 의지, 열정이었습니다. 냉전 시대 미국은 한국만큼 막대한 금액은 아니라 해도

● 서독은 미국의 경제 원조와 자국의 통화 개혁 등을 통해 1950년대 8%에 이르는 경제 성장률을 기록한다. 특히 자동차 산업이 강력히 성장했으며, 폭스바겐사의 '비틀'은 독일 경제 부흥의 상징처럼 여겨진다.

수많은 국가에 경제 및 군사적 지원을 했습니다. 그러나 그 어떤 국가도 한국과 같은 눈부신 성장을 이룩하지는 못했습니다.

민주화를 향한
한국인의 열망

1970년대 수출 주도의 한국 경제가 비약적으로 발전하고 있을 때, 한국은 박정희 정권의 유신 독재˚ 체제하에 있었습니다. 미국은 한국의 이러한 정치적 상황이 당혹스러울 수밖에 없었습니다. 민주주의와 시장 경제가 미국이 추구하는 대외정책의 핵심 원칙인데, 한국이 경제적으로는 기적을 만들어 갔지만 민주주의라는 측면에서는 전혀 그러지 못했기 때문이죠.

한국이 사실상 강력한 1인 독재 체제로 들어서자 미국 정부는 불편한 심기를 드러냈습니다. 하지만 미국은 한국의 정치적 상황에 강력하게 개입하지 못합니다. 당시 한국은 독재 권력을 지탱하는 하나의 수단으로써 반공주의를 활용하고 있었습니다. 공산주의에 대한 거센 반감을 부추기며 국민 모두가 한마음 한뜻으로 노력해 경제 발전을 일구어야 한다고 전파했지요. 세계가 여전히 엄혹한 냉전의 기류 속에 있고 북한의 위협이 존재하는 상황에서, 미국은 한국의 독재 문제에 깊숙이 개입하기를 꺼렸습니다. 미국의 입장에서는 한국의 안보와 냉전 대결이 민주주의보다 우선순위였지요.

● 1972년 10월 17일에 대통령 박정희는 비상조치를 발표, 헌법을 개정했다. 이러한 유신 헌법이 발효된 시기를 유신 체제 혹은 유신 독재라고 한다. 유신 헌법은 대통령에게 헌법 효력을 중지하는 긴급조치권과 국회 해산권을 부여해 삼권 분립을 무효화하고, 대통령의 종신 집권을 가능하게 하는 등의 내용을 담고 있었다.

그러나 1976년부터 분위기가 조금 달라졌습니다. '인권 외교'를 주창하는 지미 카터가 대통령에 당선되면서 미국 정부는 인권 상황을 앞세워 박정희 정권을 강하게 압박합니다. 그리고 1979년 10월 26일 박정희 대통령이 암살당하면서 18년의 장기 집권이 막을 내립니다. 그 18년 동안 한국 내에서 치열한 반독재 민주화 투쟁이 있었고 수많은 투사들이 희생되며 민주화 열기가 점차 고조되었지만, 한국 정부에 대한 카터 행정부의 지속적인 압박도 유신 비판자들에게 힘을 실어 주며 장기 집권을 미감하는 데 무시 못 할 역할을 했습니다.

그런데 안타깝게도 박정희 대통령이 살해된 '10·26 사태'로 한국에 민주주의의 봄이 오지는 않았습니다. 같은 해 12월 12일, 전두환 등 하나회를 중심으로 한 신군부가 반란을 통해 군부를 장악했고, 이듬해 5월 17일에는 사법권과 행정권을 잠정적으로 군부에 이전한다는 비상 계엄 확대 조치를 선포하기에 이르렀기 때문이지요. 이에 5월 18일부터 광주 시민과 전라남도 도민들은 계엄령 철폐와 민주 정부 수립을 요구하며 민주화 운동을 전개합니다. 이것이 바로 1980년 5·18 광주 민주화 운동입니다. 이는 민주화를 향한 국민들의 열망을 가장 극적으로 보여 주는 사건이었지만, 오히려 수백 명의 무고한 시민들이 군사 정부의 총칼에 희생되고 말았습니다. 한국은 1987년 6월 민주 항쟁*으로 민주주의를 맞이하기까지 이후 7년이나 더 기다려야 했지요. 한국인

● 전두환 정권하에서 민주화를 요구하는 국민들의 목소리는 높아져 갔으며, 1987년 6월 10일부터는 20여 일간 민주화 운동이 벌어졌다. 6월 항쟁의 결과로 헌법이 개정되어 대통령 선거가 직선제로 바뀌고 절차적 민주주의가 뿌리내렸다.

들은 민주주의의 봄이 오기까지 많은 아픔을 겪어야 했습니다.

미국에 대한
기대와 불신

　　　이 오랜 기다림은 미국에 대한 불만과 불신을 낳았고, 반미 운동으로까지 확산되기 시작했습니다. 북한의 위협이 눈앞에 있다는 이유로 미국은 민주주의보다 한반도의 안정을 우선순위에 놓았는데, 그것이 독재와 장기 집권이라는 비민주적인 정치 상황을 초래하는 데 큰 영향을 미쳤기 때문이죠. 미국은 당시 한국의 가장 강력한 우방이자 민주주의를 주창하는 나라였기에, 분노의 화살이 미국으로 향했던 것입니다.

　그러나 독재 정권의 어둡고 긴 터널을 지날 때에도 한국 국민들은 민주주의에 대한 희망을 놓지 않았고, 온갖 아픔과 고통을 감수하면서 기어코 그 희망을 현실로 만들어 냈습니다. 그렇기에 한국의 민주주의도 '기적'이지요. 한강의 기적에는 단순히 경제적 기적만이 아니라 민주주의의 기적도 포함되어야 합니다. 우리는 20세기 초 급변하는 세계의 격동기에 나라를 잃었으며, 민주주의에 대한 경험이 없었습니다. 해방과 함께 민주주의를 알게 되지만 한국 전쟁과 군부 정권의 장기 집권 등으로 민주주의를 성숙시키기까지 많은 어려움을 겪었습니다. 그러나 '잘살아 보세.' 의지에 못지않게 민주주의에 대한 의지도 강력했기에 결국 이뤄 낸 것이죠. 이는 분명히 또 다른 한강의 기적입니다.

민주주의는 쉽게 정착되고 발전되는 것이 아닙니다. 어느 나라고 민주주의가 꽃피기까지는 오랜 시간이 걸립니다. 한강의 기적을 이룬 배경에 미국이 있는 것은 사실이지만, 그 기적을 가능하게 한 것은 바로 우리 국민의 의지와 열정이었음을 오늘날에도 되새겨 볼 필요가 있겠지요.

친미와 반미

건실한 한미 관계를 위한 이중주

우리나라 사람들이 미국에 대해 느끼는 감정은 크게 두 가지로 나눌 수 있습니다. 미국에 호의적이거나 부정적인 것으로 전자는 친미, 후자는 반미라고 하지요.

물론 친미와 반미를 이렇게 무 자르듯 정확히 나눌 수는 없습니다. 어떤 사람이 정치, 경제, 문화 등 모든 부분에서 미국에 대해 특정한 인식을 갖고 있는지는 의문이며, 반미가 미국에 적대적이라는 의미인지 비판적이라는 의미인지도 명확하지 않습니다. 그리고 이것이 일시적이고 단순한 감정의 문제인지 아니면 지속적이고 체계적인 이념인지도 구별되어야 합니다. 우리나라 사람들 모두가 친미 혹은 반미 둘 중 한편에 속해 미국을 생각한다는 얘기는 더더욱 아니지요. 그럼에도 불구하고 친미나 반미라는 개념은 우리의 정치·사회적 상황을 설명할 때 흔히 쓰이고 있으니 거칠게나마 살펴보도록 합시다.

'친미 VS 반미'라는 강력한 프레임

친미 성향이 강한 사람들은 미국이 일제 식민지로부터 한국을 해방시킨 해방자이며, 신생 독립 국가 대한민국의 건국과 발전을 도운 후원자라고 봅니다. 한국 전쟁이 터졌을 때 북한과 중국 공산주의자들로부터 대한민국을 지켜 낸 아군이자, 이후 비약적인 경제 성장을 가능케 한 은인으로 생각합니다. 또한 이들은 앞으로도 대한민국이 믿고 의지해야 하는 나라가 미국이라고 믿습니다.

반미 성향이 강한 사람들은 오늘날 한국이 겪는 많은 고통이나 모순의 근원에 미국이 있다고 봅니다. 미국이 한반도를 양분해서 분단의 아픔과 고통을 가져왔고, 한반도의 통일을 가로막고 있으며, 반공이라는 명분으로 군사 독재 정권을 지지함으로써 민주주의 발전을 저해했다는 것이지요. 냉전이 끝난 후에도 미국의 세계 전략에 한국을 포함시켜서 미국의 경제적 속국으로 전락시키고 있다고 봅니다. 이들은 한국이 진정한 주권 국가로 거듭나고

1950년 한 미군이 한국 아이들에게 둘러싸여 면도를 하고 있다.

자주 통일을 이룩하려면 미국의 영향권에서 벗어나야 한다고 믿습니다.

한미 관계의 진정한 발전을 위해서는 미국 정부의 태도나 정책 방향도 중요하지만, 우리가 미국에 대해 어떠한 감정과 태도를 가지느냐 또한 매우 중요합니다. 친미와 반미가 한국 사회를 분열시키는 하나의 기제로 작동하면서 진짜 미국이 어떠한 나라인지, 한국과는 어떠한 관계인지 알아보는 데 걸림돌로 작용하고 있기 때문입니다. 미국에서는 '친한'이나 '반한'이 문제가 되지 않습니다. 대부분의 미국인들에게는 그런 용어 자체가 생소할 뿐입니다. 2015년 3월 리퍼트 주한 미국 대사가 서울에서 반미주의자에게 피습당하자 우리나라 정부는 한미 동맹과 한미 관계가 삐걱거릴까 봐 걱정했지만, 정작 미국 정부나 미국인들은 이 일을 하나의 '해프닝'으로만 여겼습니다. 한국에 대한 미국인들의 생각에는 비교적 큰 변화가 없기 때문에, 우리가 미국을 어떻게 생각하느냐가 중요할 수밖에 없지요.

반미 감정은
어떻게 확산되었을까

1945년 해방 이후 대다수 한국인들은 미국을 우호적으로 생각했습니다. 미국이 태평양 전쟁에서 일본을 패망시켰고 그로 인해 우리는 일제의 압박에서 벗어날 수 있었으며, 얼마 후에 터진 한국 전쟁에서나 경제적 빈궁 속에서도 많은 지원을 받았기 때문이지요. 1960년대까지만 해도 '반미'라는 것은 그 용어부터가 생소했죠.

그러나 시간이 지나면서 서서히 미국에 대한 인식에 변화가 일기 시작했습니다. 1980년대에 들어서면서 주로 대학생과 일부 지식인을 중심으로 반미 의식이 확산되기 시작했습니다. 특히 결정적인 계기는 1980년 광주 민주화 운동이었습니다. 수많은 시민들이 군부의 총칼 앞에 무참히 희생되는데도 미국 정부가 이를 묵

과했기 때문입니다. 미국에 대한 배신감과 분노로 말미암아 반미주의는 실질적인 행동으로 이어졌는데 그 대표적인 것이 1980년대 초에 광주, 부산, 대구에서 발생한 미국 문화원 방화 및 폭탄 투척 사건이었죠. 곳곳에서 성조기 화형식을 거행하는 등 반미를 외치는 학생들의 시위가 전국적으로 확산되었습니다. 1983년에는 레이건 미국 대통령의 방한을 반대하는 운동이 일어났고, 2년 뒤 전두환 대통령의 방미 반대 시위도 뒤따랐습니다.

반미 감정은 점차 대학가를 넘어 일반 시민들 사이로 퍼져 나가기 시작했습니다. 미국의 한국 수출 상품 규제와 한국 시장 개방 압력이 거세졌기 때문입니다. 한국이 미국과의 무역에서 대규모 흑자를 기록하자 미국은 한국을 지원해야 할 국가가 아니라 경쟁국으로 바라보게 됩니다. 그래서 미국 정부는 한국 상품에 대해 수입을 규제하고, 한국 시장을 개방하라고 압력을 가했지요. 특히 쌀을 비롯한 농산물 수입 개방 압력은 농업을 천하의 기본으로 생각하는 한국인들을 분노하게 만들었습니다.

한편 한국에 주둔하는 미군의 존재도 미국에 대한 부정적인 인식이 번지는 데 많은 영향을 미쳤습니다. 주한 미군 부대 근처에는 술집과 성매매 업소가 많았고, 폭력 사건도 자주 일어났습니다. 또한 군사 훈련 과정에서 민간인 피해가 생기거나 미군 범죄가 발생하기도 했습니다. 그 대표적인 사건이 2002년 주한 미군이 운전하던 군용 차량에 두 여중생이 압사당한 이른바 '효순이

2003년, 미군 장갑차에 의한 중학생 압사 사건 1주기 추모 행사의 모습이다. 촛불을 든 시민들이 운집해 있다.

미선이 사건'입니다. 불의의 사고로 생명을 잃은 이들을 추모하는 촛불 집회가 전국으로 번져 갔고, 이 추모 집회는 소파 개정을 요구하는 목소리로 확산되어 크나큰 사회적 이슈가 되었습니다. 소파SOFA란 한미 주둔군 지위 협정을 의미합니다. 미군이 범죄를 저지르면 한국 경찰이 그를 체포하더라도 미국의 요구가 있으면 즉시 돌려보내 줘야 하며, 한국 법정에서 재판을 받는 것이 아니라 미국 군법정에서 재판을 받게 되어 있습니다. 이것은 명백한 불평등 조약이지요.

2008년에는 미국산 쇠고기 파동이 일어나면서 또다시 거대한 반미 운동이 일어났습니다. 한미 쇠고기 협상으로 말미암아 광우병 위험이 있는 미국산 쇠고기가 한국에 수입될 수 있다고 우려한 시민들이 주축이 되어 촛불 시위를 펼쳤습니다. 시민들은 축산 농가의 피해와 광우병 위험성을 경고하며 전국적으로 시위를 확대했지요.

서로를 진정으로 이해하는 길

이러한 반미 운동을 근거로 우리나라 사람들이 대부분 미국에 비판적이라고 말할 수 있을까요? 그렇지는 않습니다. 여론 조사마다 약간씩 차이가 있지만 미국에 대한 우리나라 사람들의 호불호는 대체로 5 대 5 정도입니다. 즉 반은 미국에 우호적이고 나머지 반은 비우호적이라는 것이지요.

친미와 반미, 어느 쪽이 옳을까요? 이 질문은 맥도날드 햄버거를 먹는 것이 옳은 일인가 아니면 옳지 않은 일인가,라는 질문과 같다고 생각합니다. 우리나라는 자유 민주주의 국가입니다. 다른 나라에 대해 어떠한 감정이나 태도를 갖느냐는 개인의 자유이지요. 누구든 그것을 강요해서는 곤란합니다. 친미를 무조건 반공, 반북한, 우익으로 단순화하고, 반미를 용공, 친북한, 좌익으로 몰아붙이는 것도 곤란합니다. 미국을 바라보는 시각과 시선은 달라도 궁극적으로는 각자가 우리나라의 이익과 미래를 고려한 선택이라는 이해와 존중이 필요합니다.

다행히 2000년대에 들어서면서 반미 운동에 많은 변화가 일고 있습니다. 기존의 반미 운동은 주로 한국의 민주화와 관련해 정치적, 이념적으로 전개되었고, 미국에 대한 피해 의식도 강했습니다. 그러나 이제는 상황이 다릅니다. 우리나라는 민주화에 성공했고 경제적으로도 선진국의 대열에 올랐으며, 문화적으로는 '한류'를 중심으로 문화 강국으로 성장했습니다. 비록 여러 사회 문제를 안고 있다 하더라도 성숙하게 토론하고 해결해 나갈 수 있는 민주적인 토대가 마련되었습니다. 오늘날 젊은이들은 세계 속 한국의 위상과 이익을 생각하며 미국을 바라볼 수 있게 되었지요.

세계화가 미국화와 동일한 개념은 아닙니다. 물론 세계는 약육

강식의 논리가 지배적일 수밖에 없기에, 미국이 세계화를 주도하고 있는 것은 사실입니다. 문제는 이러한 국제 질서를 냉정하게 인식하면서 우리가 세계화에 어떠한 태도를 보이느냐에 있습니다. 세계화는 우리에게 많은 기회를 주기도 하고 위기를 불러오기도 합니다. 우리가 일궈 낸 경제, 정치, 문화적 발전에 대해 자부심과 자신감을 갖는 한 위기조차 곧 기회가 될 수 있을 겁니다.

우리는 친미와 반미라는 불협화의 이중주 속에서 지금의 대한민국을 만들었고, 견고한 우방으로서 한미 관계를 발전시켰습니다. 세계 속 한국의 위치와 위상을 굳게 다지고 한미 양국 관계를 진정으로 발전시키려면 앞으로 이러한 이중주를 더욱 성숙되고 세련되게 연주해야 하겠습니다.

- 왜 LA에 한인들이 많이 모여 사나요?

100여 년 전 하와이 사탕수수 농장으로 이민이 시작되면서 우리나라 사람들도 미국으로 건너가게 되었습니다. 하지만 그 수는 중국이나 일본 이민자 수에 비해 극소수였죠. 그러다 1965년 미국에서 이민자의 출신 국가 제한 규정을 완화하자 한인 이민자가 폭발적으로 늘어났고, 곳곳에 코리아타운이 생겼습니다.

LA 코리아타운은 그중에서도 원조라 할 만합니다. 1972년 대한항공이 일본 도쿄와 하와이 호놀룰루를 거쳐 LA로 가는 노선을 만들면서, 미국으로 건너간 한국인들이 LA에 정착했습니다. LA 특정 지역에 한국인이 모여 산다는 소문을 듣고 더 많은 사람이 몰렸고요. 그렇게 LA는 뉴욕과 함께 대표적인 코리아타운으로 자리 잡았죠. 지금은 LA 코리아타운이 이 지역 차이나타운과 리틀 도쿄를 합친 것보다도 무려 5배나 큰 규모입니다.

LA 코리아타운에서는 영어를 한마디도 못 해도 생활에 큰 불편이 없다고 하죠. 보신탕을 빼놓고 한국 음식도 모두 먹을 수 있고요. 자장면, 족발, 치킨 등은 한국에서처럼 배달해서 먹을 수도 있죠. 한국처럼 학원도 많고, 한인 교회만 해도 300개가 훌쩍 넘으니 그 분위기가 짐작되지요? 그래서 우스갯소리로 LA 코리아타운을 '서울시 LA구'라고 합니다.

● 　미국에서 한류의 인기는 어느 정도인가요?

　　몇 년 전에 미국의 야구장에서 싸이의 노래 「강남스타일」에 맞춰 관중들이 이른바 '말 춤'을 추며 흥겹게 들썩이는 모습이 보도됐습니다. '한류'가 미국에서도 통하는구나 싶어 묘한 자부심을 느낄 수 있었죠. 한국의 인기 아이돌이 미국에서도 호응을 얻고 있다는 기사를 접하면 뿌듯한 마음입니다.

　　그런데 사실 「강남스타일」의 인기몰이는 하나의 해프닝처럼 끝났고, 미국인 중에는 싸이가 한국 가수라는 것을 모르는 사람도 많습니다. 그저 아시아의 어느 가수가 유튜브를 통해 중독성이 강한 노래와 춤을 선보여서 따라 했던 것이죠. 한국 아이돌들도 미국에 널리 알려지지 못했습니다. 미국인들은 「대장금」이나 「겨울연가」 같은 한류 드라마도 거의 들어 본 적이 없는 상황이니 아직은 한류 바람이 미국에 닿지 못했죠. 미국에서 한국이라는 국가 브랜드의 가치가 높지 않아 한류가 탄력을 받지 못한다고 볼 수도 있지만, 사실 외국에서 건너온 예능 문화가 미국에서 자리잡고 성공하기란 무척 어려운 일입니다. 1960년대 영국의 록 밴드 비틀즈와 롤링스톤스가 미국에서 선풍적인 인기를 얻은 것은 아주 이례적 사건이었죠. 그러니 한류의 인기 정도를 두고 너무 아쉬워하지는 않았으면 합니다. 어쩌면 미국이라는 나라가 이미 폭넓은 다양성을 품고 있기에 굳이 외국 문화로까지 눈을 돌리지 않는 것인지도 모르죠.

● 　미국인이 한국에서 많은 아이를 입양하는 이유는?

　　처음에는 한국 전쟁과 밀접한 관련이 있었습니다. 전쟁으로 20만 명의 고아가 생기자 미국으로 입양이 시작된 겁니다. 그중에는 한국에 파병 온 미군과 한국 여성 사이에서 태어난 아이들도 있었고요. 처음에는 개별적으로 입양되었지만, 1961년 박정희 정권 때 '고아 입양법'이 제정되면서 대규모 입양 기관들이 생겨났고 해외 입양이 합법적으로 장려되었습니다. 1980년대 중반에는 하루 평균 24명이 미국 가정에 입양되었다고 하니 어마어마한 수치죠.

　비행기에서 내린 아이를 맞이하며 기뻐하는 미국인과 처음 보는 외국인의 포옹에 어쩔 줄 모르고 우는 입양아의 모습. 오늘날에도 뉴욕, LA, 시카고 등지의 공항에서 종종 목격되는 광경입니다. 아시아뿐 아니라 아프리카와 남미 등 세계 각지에서 많은 아이들이 미국으로 입양됩니다. 미국인들은 왜 외국 태생의 아이를 입양할까요? 우선 미국에선 미혼모, 비혼모에 대한 편견과 차별이 강하지 않아 버려지는 아이들이 많지 않습니다. 국내 입양이 쉽지 않으니 자연스럽게 해외 입양이 늘어난 거죠. 최근에는 미국 내에도 입양되기를 기다리는 아이들이 증가했지만, 일부 미국인들은 경제 상황이 좋지 않고 양육 환경이 열악한 타국에서 아이를 입양하는 게 더 가치 있는 일이라 여기면서 여전히 해외 입양을 선호합니다. 입양의 이유도 단지 자녀가 없거나 아이를 낳기 어려운 난임 부부여서가 아닙니다. 미국인들은 부모 없는 아이에게 안전하고 따뜻한 가정을 만들어 주는 것이 기독교적 소명이라고 생각하기에 이미 자녀가 있더라도 새로운 아이를 입양하는 경우가 많습니다. 우리나라는 유교적 전통이 강해서 혈연을 중시하고 입양을 하더라도 대부분 비밀로 하지만, 미국은 낳은 정 못지않게 기르는 정을 중시해서 입양 가정에 대한 사회적 편견도 덜하지요. 한국 출생의 장애 아동을 가장 많이 입양하는 나라가 미국이기도 합니다.

이런 미국인들을 보면 대단하다는 생각이 들지만, 사실 해외 입양은 아동에게 많은 상처를 남기기도 합니다. 특히 친모의 기록이 잘 남지 않아 나중에 다시 만나기가 어렵고, 친모 또한 아동에 대한 권리를 거의 보장받지 못합니다. 개발 도상국이나 제3세계 국가에서 입양은 여전히 '외화벌이 사업'처럼 이뤄지고 있습니다. 우리나라는 2000년대에 들어선 뒤에도 많은 아동을 해외로 입양 보냈고, 2014년에도 535명의 아이가 해외로 입양되었습니다. 그중 412명이 미국으로 갔죠. 우리나라는 언제쯤 '해외 입양 송출국'이라는 꼬리표를 뗄 수 있을까요?

도판 정보

이만큼 가까운 미국

초판 1쇄 발행 • 2016년 7월 18일
초판 3쇄 발행 • 2018년 6월 15일

지은이 • 김봉중
펴낸이 • 강일우
책임편집 • 김영선
조판 • 박지현
펴낸곳 • (주)창비
등록 • 1986년 8월 5일 제85호
주소 • 10881 경기도 파주시 회동길 184
전화 • 031-955-3333
팩시밀리 • 영업 031-955-3399 편집 031-955-3400
홈페이지 • www.changbi.com
전자우편 • ya@changbi.com

ⓒ 김봉중 2016
ISBN 978-89-364-5854-6 04940
ISBN 978-89-364-5975-8 (세트)